これだけは知っておきたい

コンプライアンス の基本 24のケース

「会話で学ぶ」 ビジネストラブル 防止対策

プリンシプル・コンサルティング・グループ
秋山 進

JN044601

日本能率協会マネジメントセンター

は じ め に

　この本は、職場で使ってもらうために書いた「コンプライアンス問題のケース集」です。

　コンプライアンス問題に関して重要なポイントは、

①ルールをしっかりと知ってもらうこと

②それを守る組織をつくること

この２つです。

　本書ではとくに、上記の②を念頭におき、組織において間違った行為をしてしまうメカニズムを、上司と部下の会話によって再現しています。

　そして、最大の特徴は、

上司が問題行動を部下に要請する場面

についてのケースを中心においていることです。

　これまでのコンプライアンスの関連書籍では、部下の問題行動を上司が正すというものがほとんどです。それは重要です。職場の小さなコンプライアンス問題は、法に無知な一般社員が問題を起こすからです。

　しかしながら、会社が窮地に陥るような大きな企業不祥事は、ほぼ間違いなく、違法行為であることを十分に認識している経営幹部や管理職が主導します。それに対して、現場の一般社員は「それでいいのかな？」と疑問をもちながらも、上司の権限や迫力に押されて問題行動の実行者になってしまうのです。どんな事情であろうと、実行者になってしまえば、公式、非公式なペナルティからは逃れられません。そして、会社員人生は台無しになってしまうのです。そんなことはあってはなりません。そして、会社は何があってもそういう事態を防ぐ手立てを打たなければなりません。

　私自身は主に企業に対して、コンプライアンスの啓蒙に加え、社

内で違法行為が行われないための組織づくりのお手伝いを長年して
きました。

　本書は、そのような活動の中で、良い組織をつくることを目的と
したコンプライアンス研修で使ってきた「会話によるコンプライア
ンス学習」の一部を、一般向けに作成し直したものです。

　まずは、本書を社員に配付していただき、できれば、本書を使っ
た研修をしていただきたく思います。さらに、もし可能であれば、
自社に沿った同様のケース集を作成し、社員に配付、研修をしてい
ただくことを希望しています。

　なお本書を作成するにあたり、アサミ経営法律事務所の浅見隆行
弁護士に法的な観点からのチェックをお願いしました。（文責はす
べて秋山進にあります。）

　また、本書に掲載しているケースは、すべてフィクションです。
どこの組織でも起こりうる凡例ですので、社内で使用される際に
は、多少のアレンジを加えていただいてもかまいません。

　暗雲のように私たちの頭のうえに覆いかぶさる新型コロナウイル
ス感染症の問題ができるだけ早く過ぎ去り、さらにはコンプライア
ンス問題のような重くつらい問題が起こらない幸せな状況で皆さん
が働けることを願っております。

　2020年秋

秋山 進

コンプライアンス問題を起こさない組織をつくるには

ルールをしっかりと知ってもらう	ルールを守る組織をつくる

本書：一般的なコンプライアンス問題のケースを学ぶ

会社個別のコンプライアンス問題のケースを学ぶ

コンプライアンス意識調査を利用する	本部が優しさと実力を身につける

懲罰をしっかり行う	幹部人事にコンプラを考慮する

経営理念、行動規範を浸透させる

これだけは知っておきたいコンプライアンスの基本24のケース ◎ 目次

はじめに ……………………………………………………………3

第**1**章 知らなかったでは済まされない
コンプライアンス問題

1 コンプライアンス問題はどんな状況で
起こるのですか？ ……………………………………10

2 コンプライアンス問題が増えているように
思えるのはなぜですか？ ……………………………13

3 この本の特徴は何ですか？
どのように使えばよいですか？ ……………………17

第**2**章 これだけは知っておきたい
職場の不祥事24のケース

ケース1 15年以上続いているデータ偽装
虚偽表示（不正競争防止法）……………………………20

ケース2 他社の企画書のパクリ使用
著作権侵害（著作権法）……………………………………22

ケース3 毎年続いている架空取引
有価証券報告書の虚偽記載（金融商品取引法）………24

ケース4 ライバル会社との小さな談合
不当な取引制限（独占禁止法）…………………………26

ケース5 赤字回避策としての購買要請
金融商品取引法違反目前の危険な行為 ……………………… 28

ケース6 公的補助金の不正受給
詐欺罪（刑法） ……………………… 30

ケース7 経理部長の使い込み
業務上横領罪（刑法） ……………………… 32

ケース8 無理やりつくった増収増益
粉飾決算目前の危険な行為 ……………………… 34

ケース9 社長の不透明なお金の使い方
特別背任罪（会社法） ……………………… 36

ケース10 クレーマーからのたび重なる言いがかり
脅迫罪、恐喝罪等（刑法） ……………………… 38

ケース11 「議事録を2通つくれ」との上司の指示
業法違反、私文書偽造等罪（刑法） ……………………… 40

ケース12 取引先との小さな接待の果て
詐欺罪、業務上横領罪、背任罪（刑法） ……………………… 42

ケース13 外国政府がらみの取引の問題
外国公務員贈賄罪（不正競争防止法） ……………………… 44

ケース14 取引先への発注後減額の要請
発注後減額（下請法） ……………………… 46

ケース15 出張先の写真のSNSへのアップ
情報漏れ（違法行為ではない） ……………………… 48

ケース16 未公開情報をもとに株式売買の画策
インサイダー取引（金融商品取引法） ……………………… 50

ケース17 根拠のない「No.1」の広告表示
優良誤認表示（景品表示法） ……………………… 52

ケース18 同僚の性にまつわる噂話
環境型セクシャルハラスメント（民法、労働契約法）、名誉毀損 …54

ケース19 形骸化した月45時間以内の残業
サービス残業（労働基準法） ……………………………………56

ケース20 副業先からの情報漏洩
営業秘密の漏洩（不正競争防止法） …………………………58

ケース21 顧客データの用途制限外の使用
個人情報の目的外利用（個人情報保護法） …………………60

ケース22 形骸化した法律を無視
意味のない古い法律（業法等） ………………………………62

ケース23 秘密裡に進められる人減らし
パワーハラスメント（パワハラ防止法） ……………………64

ケース24 元請けからの販売要請
優越的地位の濫用（独占禁止法） ……………………………66

第3章 経営者・管理者のための職場の対策ガイド

1 現場でコンプライアンス意識を高めるために
必要なこととは？ ………………………………………………70

2 コンプライアンス問題の予防には本部は
何をしておけばいい？ …………………………………………73

3 コンプライアンスマインドを浸透させるために
すべきこととは？ ………………………………………………75

おわりに ………………………………………………………………77

第 **1** 章

知らなかったでは済まされないコンプライアンス問題

1 コンプライアンス問題は どんな状況で起こるのですか？

　最近は、様々な業界でいろいろな事件が起こることから、皆さんも企業のコンプライアンス問題に以前ほど驚かなくなったのではないでしょうか。

　では、これらのコンプライアンス問題はどのような状況下で起こるのでしょうか。もちろん状況は一つひとつ異なるのですが、つまるところは以下の4つのどれかに該当します。

　コンプライアンス問題を起こした人々が、
（ア）無知のため、やってはいけないことを知らなかった
（イ）既知のつもりだったが、間違って解釈していた
（ウ）既知だったが、バレないと思って実施した
（エ）既知でバレるとわかっていても、まあいいかと思って実施した

　おのおのについて説明してみましょう。

（ア）無知のため、やってはいけないことを知らなかった

　問題を起こした人やチームが、その行為を禁じる法令や社会規範があることを知らないがゆえに問題を起こしたケースです。法務部門がない会社や、経営幹部が規範に興味をもたない会社では、この無知に由来するコンプライアンス問題が発生します。

（イ）既知のつもりだったが、間違って解釈していた

　行為を禁じる法令について知っているつもりが、実は間違った解釈をしていたという状況です。法令の解釈が実質的に変更になった

り、法令自体が改変されていたにもかかわらず、違法な業務を続けているという状況です。会社の法務関係の人は正しい解釈を理解していても、現場は昔ながらの間違った認識をもち続けていているといったケースもあります。

（ウ）既知だったが、バレないと思って実施した

違法性を十分認識していながらも、これまでもバレてこなかったし、今後もバレないと思って実施する。または、バレていても関係当局からは摘発されず容認されるはずだという見込みで問題行為を実施するというケースです。

（エ）既知でバレるとわかっていても、まあいいかと思って実施した

違法性を十分認識しているにもかかわらず、人間関係にほだされて違法行為の片棒をかつがされてしまう。または、違法行為による罰金等のペナルティを上回る経済的利益を与えられるため、いずれバレることは知りつつもやめられないといった状況です。

一般向けのコンプライアンス関連書籍は、これまで（ア）（イ）の状況を念頭に置き、法律を正しく理解してもらい、間違った行動を起こさないようにすることに重点を置いていました。これは基本であり、とても重要です。

一方で本書は（イ）（ウ）（エ）、とくに（ウ）（エ）に注目し、**問題行為だとわかっていることを起こしてしまうことを防ぐための本**です。というのは、実際にコンプライアンス問題を調査していくと、違法行為だと知っているにもかかわらず、コンプライアンスに問題のある行為を多くの組織人が行ってしまっているという事実があるからです。ここには、**人を間違った方向に導く組織のメカニズム**があります。

このようなことから、コンプライアンス問題を防止するには、
① ルールをしっかりと知ってもらうこと
② ルールを守る組織をつくること
が重要であり、この2つはコンプライアンス対策の車の両輪であるといえます。本書は主に②に重点を置きながら、①についても解説したガイドとして、主に一般の企業の方々に使っていただくことを狙いとしています。

2 コンプライアンス問題が増えているように思えるのはなぜですか?

　現在、コンプライアンス問題が増加しているかどうかはわかりません。それというのも、世の中の人が知ることになるコンプライアンス問題は氷山の一角だからです。ほとんどの問題は、問題を起こした人の将来や会社の評判低下を考慮して、対外的に公開されることなく処理されています。したがって、本当のところはよくわかりません。

　しかしながら、印象としては継続的に増え続けているように思えます。ではなぜ、そのように思えるのでしょうか。5つほど理由がありそうです。

　（ア）社会が大きく変わり、ルールもどんどん変わる
　（イ）新しい技術が新しい問題を生む
　（ウ）取り残された幹部層の間違った指示がある
　（エ）隠しきれない情報流出がある
　（オ）成果主義が余計なプレッシャーを与える

（ア）社会が大きく変わり、ルールもどんどん変わる

　日本社会がグローバル化することで、ルールの世界的統一化が進んでいます。また、株主の権利や消費者の権利なども過去に比べると飛躍的に強くなってきています。

　その状況下にあって、監督官庁等の法解釈も大きく変わり、かつて存在していた、建前としての法律と本音としての業界慣行の間のギャップがすでに許容されなくなって、摘発が増えているという理由です。

（イ）新しい技術は新しい問題を生む

　新技術は新しい問題を生み出します。たとえば、データ分析による価値の増大と、個人のプライバシーの問題が対立しています。

　データ利用のルール化は進んできてはいるものの、さらなる技術の進化と変化のスピードが、ルール化のスピードを大きく上回っており、社会的なコンフリクト（対立）を発生させています。人々の規範意識が許容できない形で新技術を使用した企業は、社会から大きな批判を受ける可能性があります。

　さらに今後は、IT企業以外の一般企業もデータを積極的に扱う時代に入るので、これまで以上に多くの問題が発生しそうです。

（ウ）取り残された幹部層の間違った指示がある

　上記の（ア）（イ）による変化と秩序の問題に対して社内がどこまで対応できるか──。この件について、既存の組織はかなり難しい問題を抱えています。コンプライアンスに関して、経営陣および現場の一般社員〜課長クラスは意識が高く、知識ももっています。というのは、経営陣、なかでも取締役は、コンプライアンス問題で会社に損害を与えると、下手をすれば株主代表訴訟の被告になってしまうからです。

　一方、現場の担当者や課長クラスは、お客様からコンプライアンスについて問われることも多く、社内のチェックも厳しいため、いきおい、コンプライアンスについての意識と知識のレベルも上がっています。

　実は、一番取り残されているのが、課長よりも上の層（部長次長層）なのです。一般的な大企業の場合、部長クラスが現場の担当をやっていた時代、日本のビジネス社会はかなり牧歌的であり、政府要人への賄賂事件を除いて、コンプライアンス問題が大きな社会的問題になることはありませんでした。お金のことも、人のことも、情報のことも、すべてがルーズでした。

　したがって、そのころに身についた感覚が変わっておらず、コン

プライアンス対策をしっかりしたうえで仕事をしなければならないという意識がない人が少なからず存在しているのです。もし、彼らが前線で顧客と対峙してくれていれば、社会が大きく変わっていることを実感できるのですが、それもありません。

　そんなことから、課長よりも上の立場の人が法を知らない、法を知っているつもりで間違った解釈をしている（これが多い）、法を破ってもバレないしバレても許容してもらえるなど、明らかに間違って認識している状況があります。怖いことに、この人たちが、組織の中にあって、最初の重要な意思決定に関与し、誤った方向に誘導して会社を窮地に追い込んでしまう可能性があるのです。

　本書では、コンプライアンス問題の初期対応において間違った意思決定をしそうになる上司の様子を詳しく記述しています。皆さんは、こういった「危ない上司の意識や知識」を変えるべく働きかけなくてはいけません。

（エ）隠しきれない情報流出がある

　昨今、組織に関することで大きく変わったのは、SNSなどを使って個人が情報発信しやすくなったことです。過去のように、問題行為が組織内部でずっと隠蔽され続けることはすでにありえません。他社との間のオープンイノベーションなども増加しており、問題のある情報を自分の組織内部だけにとどめておくことはできないのです。

　そのような理由で、最近はいろいろな形で会社のコンプライアンス問題が外部に情報流出するようになり、件数としても著しく増加しているように見えるのです。

　このような状況にもかかわらず、いまだに組織内部の問題行為を隠し続けようとしている組織や管理者はいます。実際には、問題行為のディスクローズのあとに来る社会的ペナルティが怖くてできないという状況に陥っている可能性もありますが……。

　情報を隠し切ることはあきらめて、できるだけすぐに開示すること。その前に、隠さなければならないようなことはしないことが重

要な時代になっているのです。

（オ）成果主義が余計なプレッシャーを与える

　もう１つの問題が、成果主義によるプレッシャーです。上司からの評価が悪くなっては困るので、指示された問題行為をやらざるをえないという状況です。上司もまた出世のために、危ない橋を渡ってでも成果を出そうとして、問題行動をして（させて）しまうということがあり、それがコンプライアンス問題を増加させているという可能性です。これは大変難しい問題です。

- まずは問題行為を起こしそうな人を管理者にしないこと
- もし上司から問題行為を強制されそうな職場なら、即座に相談できる窓口をつくっておき、それが機能すること
- 問題行為を強制されそうになったら、その状況から逃げること
- または皆でそれを止めること

　以上のようなことを、現場だけでなく本部も巻き込んで、組織の健全化をしていかなければなりません。その意味ではコンプライアンスは、昇進昇格や異動などの人事的な機能とセットで考えていく必要があり、常に組織の健康診断をして、問題箇所、問題上司をなくすような対策を打っていかなければなりません。

3 この本の特徴は何ですか？どのように使えばよいですか？

コンプライアンス問題の発生を防止するには、

① ルールをしっかりと知ってもらうこと

② ルールを守る組織をつくること

この2つが重要であり、この2つはコンプライアンス対策の車の両輪であると先に述べました。

この本は②を実行するために以下のことに注力しています。とくにコンプライアンス問題を起こそうとする人ではなく、「コンプライアンス問題に巻き込まれそうになる人をどのように守るか」という観点を重視しました。そのうえで次の3つに焦点をあてています。

（ア）こんな状況は危ないを知る（勘をもってもらう）

（イ）こんなときどうすればよいかを知る

（ウ）これNGですからやめましょう！と皆で言えるようにする

（ア）こんな状況は危ないを知る（勘をもってもらう）

実は、やってはいけないこと、まずいことが起こっていく組織の状況というのは、予見することができます。予見さえできれば、問題行動を避けることができます。

そこで本書では、問題のある、または問題となりえる行為を指示された際に、「これちょっとまずそう」「専門家に相談したほうがよいのではないか」という勘が働くようになることを狙いとしています。この本を一読していただければ、まずい状況はだいたいわかるようになります。どれも、なんとなく似ています。そのため、現段階では違法行為ではないものの、近い将来、高い確率で違法行為に

突き進んでいくであろう意思決定などについても扱っています。

（イ）こんなときどうすればよいかを知る

（ア）により、これまずいかも……と思ったときにどうすればよいか、についても解説しています。しかしながら、方法はたくさんありません。「上手にかわす」「きっぱり拒絶」「法務に相談する」「黙ったまま内部通報窓口に相談する」くらいです。コストパフォーマンスを考えると一番良いのは「上手にかわす」です。そこでケースの中のいくつかは上手にかわす方法を扱っています。

そこから発展させて、皆さんならではの「上手にかわす技術」をつくっていただくための材料を提供しています。

（ウ）これNGですからやめましょう！と皆で言えるようにする

コンプライアンス問題を撲滅するには、そこにいる社員全員が、「まずい」「これアカンかも」を直感的に感じ、かつ知識として認識して、上司が問題行為を言い出せないような空気を発することです。全員が拒絶することは上司も強制できません。これは難易度が高そうに見えますが、問題発生の制御方法としては大変有効性の高いものです。

つまりは、「違法行為をやろうと言おうとしても、それを受け入れる土壌がうちの会社にはない」という状況をつくることです。第3章にて、その実践のための方法について説明しますが、「違法行為を知り」「それを提案する上司を無視する、または軽蔑する」組織をつくることで、これらは実現できます。

前置きは以上です。さっそく24のケースを読み始めてください。読者の皆さんが、コンプライアンス問題に煩わされることなく、幸せなビジネス生活を送っていただくための一助になればと思います。

第 **2** 章

これだけは知っておきたい
職場の不祥事24のケース

15年以上続いているデータ偽装

虚偽表示（不正競争防止法）

　　研究所から事業部の製造担当セクションに異動してきた田中課長。２週間ほどたったところで現場の性能検査に立ち会うことになった。

田中課長：佐藤次長、実はさっき、性能検査を見たのですが……。

佐藤次長：何かお気づきになったことはありましたか？

田中：はい。えっと、基準値に達していない検査結果を、検査員がとくに問題視していないのですが、あれはいったい何でしょうか？

次長：……いつかはお話する日が来ると思っていましたが、今日がその日になったわけですね。結論から言うと、うちの商品Ｚはお客様に保証した性能に達していません。ざっと約２割程度水増ししています。そして、外部に公表している性能は、元データから齟齬が出ないように慎重に作成されたプログラムをかけて補正しています。

田中：……。

ココがポイント！ 1

次長：じつは私も赴任してきて２週目にこの事実を知りました。

田中：ちょっと待ってください。佐藤次長がこちらにこられたのは10年くらい前じゃないですか？

次長：はい、12年前です。

田中：12年前にはすでに改竄が行われていたということですか？

次長：残念ながら、実際は15年前くらいかもしれません。

田中：このことは、経営陣は知っているのでしょうか？

次長：少なくとも技術部門と製造部門の両専務はご存知です。社長がご存知かどうかはわかりません。うちの場合、営業部門や管理部門はまったく技術や製造には関知しませんから。

田中：お客様は気づいてないのでしょうか？

次長：幸いなことに、普通の使用で基準値のレベルが必要になるこ
　　　とはないのです。はるか下のレベルで99％がこなせるので、
　　　問題ないといえば問題ないのですが……。

田中：問題ないのですが……とは、何かあったんですか？

次長：クレームになったことはあります。その際は、コストを度外視し
　　　て補修工事し、お客様にはご満足いただいて今日にいたります。

田中：わ、私はどうすればよいのでしょう！

こんな違法行為

虚偽表示（不正競争防止法）

　仕様書に記載した品質を満たさない商品、またそれを告げないまま
納品した場合は、不正競争防止法の虚偽表示になる可能性がありま
す。罰則としては、行為者に対して「5年以下の懲役または500万円
以下の罰金、もしくはこの両方」が科されます。そして法人に対して
は「3億円以下の罰金刑」があります。この商品を購入した会社は、
その品質が契約内容を満たしていない場合、製造業者に対し、契約の
債務不履行（不完全履行）に基づき損害賠償請求をすることができま
す。さらに、この製造業者と競合となる事業者は、データ改竄によって
営業上の利益を侵害された場合には、損害賠償請求ができます。

ポイント解説

1 新しい部署で仕事を始めると、不正や違法行為を発見すること
があります。重要なのはこのときの行動です。もしそのままやり
過ごすと、あなた自身も犯罪に加担し、刑罰を受けることに
なります。勇気をもって会社の相談窓口に連絡することを会社
は望んでいます。

2 会社が表明している品質基準が、競合優位性を確保するために
実際よりも随分高くなっていることがあります。自分たちの強
みや弱みを多角的に判断し、同じ土俵で勝負する同質化競争か
ら差別化の競争戦略に変えていくこともコンプライアンス経営
にとっては重要なことになります。

第**2**章 これだけは知っておきたい職場の不祥事24のケース

他社の企画書のパクリ使用

著作権侵害（著作権法）

三浦課長：どう、企画書はできた？

中野：実は、まだなんです。何を訴求するか悩んでます。

課長：A社のTTPでいいよ。

中野：TTP？　TTPって何ですか？

ココが ポイント！ ❶

課長：徹底(T) 的(T)にパクる(P)の略。うまくいったものを徹底的にパクって、ただ、それよりも大がかりに、お金をかけて、派手にやる。それで十分なんだよ。

中野：え〜。

課長：たとえば、TV番組の〇〇。あれは、〇〇のパクリだよね？

中野：はい。タレントの格とスケールを上げただけです。

課長：では、〇〇はどうだ？

中野：地方でやってたのを、全国規模に移し替えただけです。

課長：だから企画書だって、一から考えるのはバカのやること。

中野：え？　じゃあどうすればよいと。

課長：A社の企画書を手に入れて全部パクっちゃえばいいから。

中野：いいんですか？　なんか権利があるのではないですか？

ココが ポイント！ ❷

課長：著作権とか言いたいの？　著作権って何か知ってる？　知的財産権の一種であり、美術、音楽、文芸、学術など作者の思想や感情が表現された著作物を対象とした権利である、だぞ。企画書は音楽でも文芸でも学術でもないだろ？　だから問題ないんだよ。

中野：は、はい、わかりました。でも、このままパクったら、お客様の中で気づかれる人いません？　これA社のパクリだと。

課長：いるだろうね。でも9割の人は覚えちゃいない。そして1割の人も、そんなの気にしない。そういえばよく似た話を聞いたことがありますね、てな具合だ。逆に先にうちの話を聞いた人

は、向こうがパクったと思う。

中野：私は、コンセプトとかは変えずに、でもキーワードとか文章
　　　そのものはやはり変えようと思います。

課長：相手のレベルよりも良くすることが条件だぞ。すぐにやって
　　　ね。思うようにできなければ、そのままコピーすればいいから。

こんな違法行為

著作権侵害（著作権法）

　思想または感情が表現された物（著作物）を、その権利者（著作
権者）に無断で、第三者が利用すると著作権の侵害となります。被害
者である著作権者が告訴することで侵害者を処罰することができます。
著作権の侵害は「10年以下の懲役または1000万円以下の罰金」、著
作者人格権の侵害は「5年以下の懲役または500万円以下の罰金」と
定められています。また、法人などが著作権等（著作者人格権を除く）
を侵害した場合は「3億円以下の罰金」となります。

ポイント解説

1 TTP（徹底的にパクる）は、良い意味で使われる場合には、ヒッ
トした企画のコンセプトやアイデアの核心を捕捉し、別の場面
において、その核心が最もふさわしい形で表現されるように、
最適かつ別の表現や方法で実施することを意味します。しかし
一般的にはすべて同じ表現をするという使われ方をします。

2 企画書は、思想または感情が表現された著作物であり著作権が
発生します。しかし、著作権によって保護されるのは「表現」
であり、その背後にある「アイデア」や「コンセプト」などは
保護されません。したがって、元の企画書と同様または類似の
表現をすると著作権侵害ですが、コンセプトをもとに、まった
く異なった表現にすれば著作権侵害にはなりません。ただ、最
近は著作権を広くとる傾向もあり、社会的にもパクった会社や
個人の評判が大きく下がる傾向が顕著になっています。

毎年続いている架空取引

有価証券報告書の虚偽記載（金融商品取引法）

高橋：課長、ジャパン製作所（以下J社）からまた連絡が来ました。

鈴木課長：いつものあれですね。世界商社に回しといてください。

　毎年9月になるとJ社から商品買い取りの依頼が来る。そしてわが社はそれを買って世界商社に転売するのである。商品はこちらには来ない。ただ、発注書をJ社に出し、一方で、世界商社に請求書を出すだけだ。あるとき、若手が声を上げた。

伊藤：課長、J社は自分が作った商品を高く買い戻すわけですか？なんのメリットがあるのでしょう？

課長：あそこは上場企業で、株主から強いプレッシャーを受けています。そこで、期末になると毎年、買い取り転売の要請が来ます。もちろん世界商社とも、その先の会社とも話がついてますから、うちはただ買って世界商社に売るだけです。世界商社はまた別の会社に売って、その会社はJ社の次の会計年度になってから、J社に転売します。そうするとJ社は年度内に売り上げと利益を計上することができます。商品は1ミリも動きませんし、うちは何も知らないことになっているんですけどね。

伊藤：うちがJ社に直接売り戻せばいいのでは？

課長：いやいや、いってこい、の取引だと、架空の取引だということがすぐにバレるので、別の会社をいくつか挟むのです。

高橋：課長、これ違法な取引ではないのでしょうか？

課長：微妙かもしれません。上場企業であるJ社は、違法と認定されるでしょうね。

伊藤：うちにリスクはないのでしょうか？

課長：ありますよ。J社で問題になったら一緒に報道されちゃいますからね。でも今のところは、毎年、書類を数枚書くだけで結構な利益をいただけるボーナスみたいなもんですから、うちも

やめられないというわけです。

高橋：え、それでいいんですか……。

こんな違法行為

有価証券報告書の虚偽記載（金融商品取引法）

　複数の企業間において、合意のもと帳簿上で商品サービスの売買を繰り返し、実体の伴わない取引をすることを循環取引と言います。上場企業であれば、循環取引による粉飾決算で売り上げを水増ししていた場合、有価証券報告書の虚偽記載として金融商品取引法違反にあたります。実行した個人は「10年以下の懲役もしくは1000万円以下の罰金またはその両方」、法人は「7億円以下の罰金」と定められています。さらに上場企業が罰金を負った場合は、その損害に対して上場企業から実行した担当者と協力した会社に「損害賠償請求」がなされることがあります。また上場企業の取締役には罰金分の損害と株価の低下等に対する「株主代表訴訟」や「金融商品取引法に基づく損害賠償請求」などの民事責任が問題となることがあり、循環取引に関与した取引先企業も連帯して損害賠償責任を負う場合も考えられます。

ポイント解説

1 知らないことになっていても、不自然な取引であることは一目瞭然であり、すぐに明らかになります。もし自社が加担した循環取引が明るみに出ると、マスコミ等で報道され企業イメージが大きく毀損（きそん）します。さらには、その取引によって損害を受けた元の企業から損害賠償を請求される可能性もあります。

2 問題が明るみに出た場合は、自社のブランド価値を大きく下げ、取引に加担した人の善管注意義務（ぜんかん）＊が問われます。循環取引は加担する企業が得る利益分だけ首謀企業の財務を悪くします。それを何回か繰り返していると、必ず財務的に厳しい状況に追い込まれ、高い確率で破綻（はたん）します。循環取引の依頼が来たら、断ってください。もし今もなお参加している場合は、法務コンプラ関係部署に相談してください。

＊「善良な管理者の注意義務」の略。業務委任された人の能力等から期待される注意義務。

ライバル会社との小さな談合

不当な取引制限（独占禁止法）

山本課長：次の入札、能率商事以外はどこが参加しそうかな？

中村：他は難しいようです。結局、能率商事との一騎打ちです。

課長：能率商事の担当者は誰だ？

中村：課長の渡辺一郎さんという人だと聞いています。

課長：おっ、それは良かった。あの人は話のわかる人だから……。ちょっと考えがある。うちの顧客リスト持ってきて……。

中村：何をされるのですか？

課長：渡辺さんに渡すお客様を選ぶのだよ。

中村：なんと！ うちの取引先を能率商事に渡すんですか？

課長：その代わり、今回の案件は確実にもらう。

中村：なんのことかよくわかりませんが……。

課長：君が知らないのは仕方がないが、これからピックアップするお客様に提供している製品は近々製造中止になる。だからうちとの取引は近々なくなるんだよ。その際には、お客様に迷惑をかけないために、他社の商品を紹介せざるをえない。そしたら、競合間で争奪戦が発生する。渡辺さんだけにこの情報を内々に伝えて、これらの会社を先に紹介してあげれば、渡辺さんのところは売り上げが立つこと間違いなし。その代わりに今回はうちの1.2倍の値で入札してもらう。うちは正価で落札だ。

中村：すごいですね。でも、独占禁止法違反じゃないんですか？

課長：何を言ってるんだ、ちっとも独占していないぞ。それに誰かこのことで迷惑をこうむる人はいるか？

中村：いいえ、誰も。

課長：この取引で値引きなしで勝てば部長は大喜びだ。お客様も適正価格でうちの商品を購入できる。渡辺さんも喜ぶ。能率商事に変わるお客様も素早い対応に喜んでくれる。そして君もハッ

ピー、私もハッピー。三方良しどころか六方良しだ。

渡辺氏とは無事に話がまとまった。課長の筋書きどおりに事は進み、取引には勝ち、能率商事への顧客紹介も順調に進んだ。中村さんも部長から大いに褒められて、ボーナスが楽しみである。

こんな違法行為

不当な取引制限 (独占禁止法)

独占禁止法は、「事業者による、公正かつ自由な競争の促進」によって消費者の利益確保と、国民経済の健全な発達を目的としています。

違法行為者に対する民事上の処分としては、違反行為を止めるよう命じる「差止請求権の行使」や、損害賠償金の支払いを命じる「損害賠償請求権の行使」などがあります。そして行政処分としては、違反行為を止めるよう命じる「排除措置命令」や、国庫に課徴金を納めるよう命じる「課徴金納付命令」などがあります。さらに刑事処分については、法人としてだけでなく、個人として責任が問われる場合もありえます。罰則内容は、法人は「5億円以下の罰金」、個人は「5年以下の懲役または500万円以下の罰金」が科せられる可能性があります。

ポイント解説

1 競合企業の社員との間に一定の人間関係ができる可能性はありますが、それが公平な競争の妨げになる行為や不正な取引、不公平な取引を誘発するような関係になってはいけません。競合の社員と具体的な取引や顧客の案件の話はしてはいけません。

2 一見、誰も損害を被っていないように見えるかもしれませんが、商品の価格が高止まりし、購買者が高い値段で買っています。このような行為を「不当な取引制限」と呼び、『複数の事業者が、他の事業者との競争を回避するために、カルテル*や入札談合など事業者同士で合意を結び、実質的に競争を制限する行為』を指します。こういった行為は会社や個人が法律上の大きな罰則を受けるだけでなく、社会から大きなバッシングを受けることにつながります。

＊独占目的で行う企業連合による協定。

赤字回避策としての購買要請

金融商品取引法違反目前の危険な行為

　　　　　幹部会議に出ていた経理の加藤部長が職場に戻ってきた。

加藤部長：みんな、100％子会社であるＸ社の状況は知ってるな。

吉田課長：この間の社長の会見では、底打ちをして未来は明るいと
　　　　　言っていたように思いますけど。

部長：あれは嘘だ。先だっての事故のせいで売り上げは一層下に向
　　　かう。さらには安全対策のコスト増で、大幅な赤字になる。

佐川：計画とはかけ離れた数字となると、のれんの減損が来ます
　　　ね。うちの自己資本はどうなりますか？

部長：結果、債務超過になるおそれがあるというか、なる。

山田：それで経営陣はどんな判断をされたのですか？

ココが
ポイント！
①

部長：社長はとにかく最終利益を赤にするな！の一点張りなんだ。

佐川：あと３か月で、そんなことできるんですか？

部長：私も何度も、そんなことは無理だと申し上げたんだが、そこ
　　　をどうにか考えるのが君たちの仕事だろう、と。

吉田：債務超過になったら、どうなるんでしょう？

部長：長引けば上場廃止もある。銀行管理会社もありえる。そして
　　　リストラ。どこかの会社に売られる。100年の伝統は消滅だ。

佐川：部長、どうしましょう？

部長：みんなどうしたい？

山田：私はやはりできることをやるしかないかと……。

吉田：できることといえば、取引先や連結外の関係会社に今期末ま
　　　でにたくさん商品を買わせること。製造委託先に中間部品をた
　　　くさん買わせること。これで今期の売り上げと利益は立ちます。

部長：監査法人はどう言うかな？

佐川：中間部品の売買も取引先への販売も正当な取引ですから、こ
　　　れをもって問題とは言わないのでは？

部長：そうだな、監査法人はこの段階でNGとは言わんだろうな。

こんな違法行為

違法行為ではないが金融商品取引法違反が目前

現段階では違法行為ではありません。これは決算対策と呼ばれるもので数字をできるだけ良く見せるための努力をしている状況です。

このあと業績が回復すればよいのですが、このようなギリギリの決算対策を一度してしまうと、かなりの確率で完全なる粉飾決算に移行します。具体的には在庫水増し、循環取引、架空取引等などにより偽の数字を示して株主に嘘をつくことになります。粉飾決算となれば、金融商品取引法違反として、まずは個人に対する刑事罰として「10年以下の懲役もしくは1000万円以下の罰金、またはこれらの併科」。法人に対しては「7億円以下の罰金刑、課徴金制度」があります。さらには民事責任として個人（役員）及び法人に対する損害賠償責任、個人（役員）及び法人に対する株価下落による株主への損害賠償責任、個人（役員）に対する任務懈怠（けたい）（怠ること）による損害賠償責任があります。そして会社には、上場規定に基づく上場廃止等が課せられることがあります。

ポイント解説

1 社長は具体的に粉飾決算をしろと指示しているわけではないし、現段階ではまだ違法行為の段階には達していません。しかし、セーフかと言われるとセーフではありません。結局、次の社長がババを引いて、粉飾決算の指示を出すことになるのです。コンプライアンス問題は現段階ですでに起こっていると考えるべきです。こういった情報を社外取締役や監査役に伝え、経営を監督してもらう必要があります。

2 現在の監査法人は、決算対策の行為をかなり厳しく見ます。財務経理担当者にとっては、これはむしろありがたいことで、自らが犯罪に手を染めることを防ぐ役割を果たしてくれているとも言えます。もし上からの不当な圧力がかかった場合は、監査法人の会計士にもその内容を説明してみてください。

山口課長：みんな、申し訳ないが次の日曜日、出勤してほしい。

松本：えー……、出ろと言われれば出ますけど。

井上：もちろん従いますよ。で、何するんですか？

課長：うん。皆、どうか私のお願いを聞いてほしい。

松本：え？

課長：お願いを聞いてくれるかと聞いているんだ。

松本：あっ……もちろん、課長のお願いですから。

課長：ありがとう。お願いしたいのは材料の詰め替えだ。輸入材料を
国産材料の箱に詰め替えて補助金対象の買い取り分に回す。

松本：あっ、……。

課長：どうか、お願いしたい。

松本：……でも、輸入材料を国産材料にして買い取りに回したら、
輸入材料の手持ちの在庫量が少なくなってしまって、棚卸しの
ときに一発でバレますよ。

課長：そうだよな。ただ、そこは本部と話をつけてある。棚卸しの
前に輸入材料は別のところから補充される。

井上：え？　ということは本部も了解済みってことですか？

課長：まあな。今回の政府による買い取りは、沈滞しているわが社
にとっては千載一遇のチャンスだからな。

井上：バレたら、どうなるんですか？

課長：バレない。この制度はもともと我々の業界の救済なんだ。だ
から役人は本気で取り締まることはない。前に検査に来た役人
がいただろ。そのときの役人の検査はどうだった？

松本：確かにあまり真面目にチェックしませんでした。

課長：そうだろ？　そんなもんなんだよ。

井上：でも、本当に大丈夫なんでしょうか？

課長：大丈夫だ。もし何かあったら責任は私がとる。もし何か聞か
　　　れたら、何も知らずに課長の指示に従っただけだと言えばい
　　　い。では、日曜日に来てくれるな？

2人：は、はい。

**こんな
違法行為**

詐欺罪（刑法）

　政府の補助金や助成金の獲得のために受給資格を偽装したり、書類
を偽造したりして申請すると詐欺罪に問われる可能性があります。
　詐欺罪は未遂であっても既遂（きすい）と同様、「10年以下の懲役」という重
い刑罰が設定されており、実際に助成金詐欺で実刑判決が出ていま
す。さらに、受給した補助金等に加えて年10.95％の加算金を加えて
返還しなくてはいけません。また、管轄官公庁のホームページに不正
受給を行ったとして会社に関する情報が掲載され、企業ブランドが大
幅に低下します。とくに、現在は補助金等の不正受給については政治
的・社会的な関心も高まっているので、信用の失墜は経営に致命的な
打撃を与えます。

ポイント解説

1 上司が、内容を言う前に自分のお願いを聞いてほしい、などとい
うような場合は極めて危険です。ほぼ間違いなく問題のある行為
を要請されると考え、その場から立ち去るか、問題のある内容
を要請された場合は、すぐに相談窓口に連絡をしてください。

2 各種の補助金や助成金等が困った業界を救済するために存在す
る場合が多いことは事実ですが、その際にはしっかりとした基
準が設けられます。それを無視して、救済のためだからズルを
してもよいなどというのは身勝手な正当化であり、断じて許さ
れるものではありません。また、本件では「本部と話はつけて
ある」ということになっていますが、こういう案件を本部が承
認することはまずなく、本部の一部の人と結託した私的な問題
行為と考えるべきです。

経理部長の使い込み

業務上横領罪（刑法）

●関係会社経理部長の独り言……

　俺はしてはいけないことをしてしまった。出向先のこの会社は、会社の金を勝手に引き出して使っても、帳尻さえ合わせておけば誰も気づかない。内部統制がまったくできていないのだ。分けるべき業務の分割もされていなければ、第三者からのチェックもない。俺の一存で金の出し入れができる。これまで30年間、1円たりとも会社の金に手を出したことはないけれども、今回10万円ほど使ってしまった。まあ、返せばいいのだ。返せばなんの問題もない。まだ引き返せる。これまでも金で失敗した人を俺はたくさん見てきたじゃないか。まだ引き返せるぞ。でも、俺はこの出向先で残りのサラリーマン人生を続けるのか？　何か希望はあるのか？

ココが
ポイント！
1

●1年後……

　もう引き返せない。これだけ使うと期末の帳尻合わせも大変になってきた。もう毒を食らわば皿までだ。まあ、これまで会社には大きな貢献をしてきたんだから、少しくらいもらってもいいだろう。給料も下がったしな。それにしても本社は何をやってるんだ。いい加減なチェックしかしないから、俺がこんなに使っても見つけられないんだもんな。経理のなんたるかが全然わかってない斎藤みたいなシロウトが担当役員になる会社だから仕方がないか。会社って何なんだ？　戦略的な視点が必要とか立派なことを言っているが、こんな程度の不正すら見抜けないのだから、笑わせる。

ココが
ポイント！
2

　俺が本社にいたときは、内部統制やれ！と言われてメンドクサイと思っていたが、違ったな。あれは会社を守るだけでなく、社員を守るためのものだったんだ。悪いことしようと思ってもできないようにするのだから。内部統制をやらない会社や役員たちは大バカだ。

　俺の話は、絵に描いたような転落物語だな。本社の課長時代は、経理に配属された新入社員たちに毎年、経理マンの心得を説教していた。「お金の誘惑に負けてはいけない」「高い倫理観をもて」と。俺は何を間違ったんだろう？ 金の誘惑に負けたんだろうか？ それとも、出向で小さなプライドが崩れたことで、自分自身も壊れてしまったんだろうか？

こんな 違法行為

業務上横領罪（刑法）

　業務上横領罪は、業務として他人の物を預かっている者が、その物を自らの物にした（横領）ときに成立します。被害を受けた会社が警察に告訴状を提出し受理されれば、事件としての捜査が進みます。起訴された場合は、刑事裁判が開かれ、実刑か、執行猶予かが決まります。業務上横領罪では「10年以下の懲役」が科せられます。 業務として委託を受けた権限を逸脱した行為にあたるため、単純な横領罪よりも罪が重く、被害額にもよりますが、実刑判決が出ることもあります。さらに、当人は会社での懲戒解雇等の人事規定上の処分を受け、会社からは損害賠償を請求されることになりえます。

ポイント解説

1 最初はちょっと借りたつもりのはずのお金が溜まりに溜まってしまうのが業務上横領の特徴です。誰か別の人がこまめにチェックする体制を構築しておけば、事件は未然に防げるのですが、ノーチェックの期間が長いと、本ケースのような犯罪者をつくってしまいます。

2 横領を行う人に問題はあります。しかし、お金の出し入れが1人の裁量で自由自在に行える、誰にもチェックされない、といった状況にあれば、こういった事件は容易に起こります。本件の当人が言うように、内部統制の整備はそれを防ぐためのものであり、本社のみならず、関係会社や地方拠点などでもしっかりとした体制づくりをしておく必要があります。

無理やりつくった増収増益

粉飾決算目前の危険な行為

●ある営業マンの懸念

　わが社は20年連続の増収増益であり、監督官庁にも褒められるような優良企業である。ところが、実際には少し前から事業は厳しい状況にある。既存顧客向けに追加購入のインセンティブ施策を打ち出し、売り上げと利益の先食いをして、どうにか無理やりつくった増収増益なのである。そろそろ"連続増収増益"の看板を下ろし、問題を抜本的に洗い出し、改革すべき状況にある。

　私の属している営業部門でも、今期は建前としては増収増益を目指すものの、実際には成長を諦めて、事業の見直しに注力することになっていた。ところが、昨対マイナスの第1四半期の結果が出たところ、突然、社長が叫び始めた。「何が何でも増収増益を目指せ！」と。話が完全に変わってしまったのである。

　理由は、社長が創業者で大株主でもあるオーナーのところに報告に行ったところ、こっぴどく叱責されたからだという。「社長にしてやった恩を忘れたのか。数字を出せないのなら、さっさと辞めろ。取締役全員クビだ」と。オーナーは高齢である。残念なことに、市場の厳しい状況も、日進月歩の技術の発展も、自社の優位性がすでになくなっていることも、おそらくわかっていないのだろう。

ココが
ポイント！
1

*

　社長のメッセージを受けて管理職を集めて開催された営業部の緊急会議に出席していた田村課長が席に戻ってきた。

上林：……で、具体的にはどうするんですか？

課長：取引するお客様の基準を大幅に緩めることになった。これまでは売ってはいけなかったCランクのお客様にも販売する。

上林：課長、それはマズイです。Cランクに販売したら売り上げは上がっても普通に回収できるかどうかわからないですよ。

課長：それはよくわかっているよ。でも仕方がない。

上林：未回収はペナルティーがありますから営業は売りません。

**ココが
ポイント！
2**

課長：債権が滞留した場合のペナルティーもなくなる。

上林：ほんとですか！でもこんなことやっていいんですか？

課長：いいわけないよな。何でこんなバカなことやるんだろう。

**こんな
違法行為**

違法行為ではないが、粉飾決算の目前

　現段階で法的問題になることはありません。本年度の売り上げと利益を上げるために、社内で設定した営業対象を非合理的に広げただけです。違法行為ではないので罰則もありません。しかし、この意思決定は確実に不幸な未来をつくり出します。本年度の増収増益は維持できるかもしれませんが、滞留債権は確実に増大し、さらにはそのうちの多くが回収不能または極めて難しい不良債権となり、貸倒損失を計上しなくてはならなくなります。それにもかかわらず増収増益を続けようとすると、その損失を上回って余りある売り上げと利益を計上する必要があり、そうなると高い確率で架空受注や下請事業者への圧力による不当な販売などの違法行為が生み出されることになります。

ポイント解説

1 会社が社会的に高く評価されていると、そのイメージを保つために、見栄を張り無理をすることがあります。本件の場合、会社の置かれている厳しい状況を理解しようとしないオーナーの見栄のために、社長は明らかに間違った意思決定をしたのですが、こういう意思決定をさせない仕組みや文化をつくらなくてはなりません。

2 この意思決定は違法ではなく単なる社内ルールの変更ですが、この変更こそが将来の違法行為を生み出す元凶となります。社内の管理部門や心ある管理職は徹底的に抵抗して、このような変更を阻止しなければなりません。場合によっては社外取締役や監査役などを巻き込むことも必要です。

社長の不透明なお金の使い方

特別背任罪（会社法）

●秘書課長の独り言……

プロ経営者として会社の再建に成功した社長は、社員にとって神様のような人である。ただ、ちょっと気がかりなことがある。

あるとき、社長の視察旅行の計画を立てたが、欧州の販売拠点の訪問に家族全員がついていくという。そして、会社がすべての費用を支払うことになっていた。

社長は仕事においては抜群の能力を示す一方で、お金については何でも会社に支払わせる習慣がある。私は、これでよいのかと思う一方で、社長の会社への功績を考えると、このくらいの便宜をはかっても十分なだけのお方なのだから、とすべての私的な依頼を黙々とこなしてきた。

ココが
ポイント！
1

社長の依頼が私にとって危険な領域に近づいてきたのは、課長に昇進してからである。社長の一存で決めることのできる予算（社長予備費）があるのだが、その管理を私がまかされることになった。

この仕事をし始めて、胃が痛くなる思いがした。社長のお付き合いの幅はとても広い。お祝いの類だけでも大変な量がある。そして、相手先がどういう人でなぜ払うのかよくわからないものもある。

社長は支払いの中身を饒舌（じょうぜつ）に説明してくれるときと、余計なことは調べるな、マシーンとして言われたことをやれと、まったく支払いの中身を語らず、無言の圧力をかけてくるときがある。

不安になって、相手先を調べたりもした。いろんな悪評がネット上にあがっていることもある。それならまだましだ。調べても何もわからない会社や個人もある。そういう会社や個人に社長自らが多額の支払いを命ずるというのはいったいなんだろう？

ココが
ポイント！
2

不安になって先輩に相談してみた。先輩のアドバイスはシンプルだった。「サラリーマンとして人生をまっとうしたかったら、あまり

知りすぎてはいけない」。それはそうだ。しかし、このようなお金の支払いをそのままにしておくことは、問題にならないんだろうか？

　株主はどう思うのだろう？　社員の年収をはるかに超える額がポンポン消えていく。これでいいのか？　私の疑念はさらに深まる。

こんな違法行為

特別背任罪（会社法）

　取締役が他者や自分の利益を図り、任務に背く行為をし、会社に財産上の損害を与えた場合、会社法の特別背任罪の適用の対象になります。たとえば、取締役が取引先に多額の資金を貸し付けたり、会社の財産を自分のために使ったり、利益が出ていないにもかかわらず株主に配当をしたりするなどして会社に損害を与えた場合には、会社法に定める特別背任罪が成立し、「10年以下の懲役か1000万円以下の罰金またはその両方」が科せられる可能性があります。ただし、立証のハードルは高く、無罪判決も少なくありません。被告側が問題の支出や融資を「会社のためだった」「適正な手続きを踏んだ」と争うケースが多いためです。今回も、社長予備費は社長の裁量で使えるという規定があるため、特別背任罪を問えるかどうかの判断は難しいとも言えます。

ポイント解説

1 会社に対して大きな貢献をした人であれば、多少の問題行為は許されるという人もいますが、そうではありません。社長は株主から委任を受けて会社の経営を行っているのですから、忠実かつ善管注意義務をもって経営を行うべきであり、それを逸脱する（判定は難しいですが）ことは許されないことです。

2 サラリーマンとしての人生を考えるならば、長いものに巻かれることを全否定することはできないと思われます。先輩の忠告はもっともとも言えます。しかしながら、会社のお金を私的に使っても悪びれない経営幹部がいれば、会社や社員全体のモラルは崩壊します。改心を迫るか、排除するか、等を社外取締役や監査役等とも相談しながら対策を練ることが必要です。

ケース10 クレーマーからのたび重なる言いがかり

脅迫罪、恐喝罪等（刑法）

近藤：また因縁つけてきたそうですよ、Xさん。

村上：え、また？　これで3回目か。

近藤：何度もしつこいですね。

村上：ほんとにそうだな！

近藤：カスタマーセンターの担当が弱腰すぎるから、つけあがっているんじゃないですか？

村上：前は、お詫びに何か贈り物をしたんだっけ？

近藤：〇〇屋の高価な和菓子をもっていったみたいですよ。

村上：ちょっと納得できない！

近藤：ところでXさんはどんなふうにクレームを言うんですか？

村上：誠意を見せないならSNSに晒（さら）してやる、っていうのが多い。

近藤：それは困りますね。

村上：それから「あんた、名前なんていうの？　子供さんもいるんじゃない？」とかも言うらしい。

ココがポイント！ 1

近藤：こわいですね。なんか懲（こ）らしめてやる方法ないかな……。

村上：金銭を要求してきたら恐喝罪に問えるかもしれないと聞いたことがある。

近藤：こっちこそSNSで実名を晒しちゃいます？

村上：さすがにそれはまずいよ。

近藤：どうせ、うち以外にもいろんな会社に文句言っているから、どこの会社の人が書いたかなんか、わかりはしないでしょう。

村上：ただ、ほんとに書くとなると嫌な気持ちにならない？

近藤：確かに……。

村上：仏の顔も三度までというから、それはやめよう。

近藤：ええ、やめときましょう。でも、また来たらちょっと懲らしめないといけませんね。

村上：どうやって？

近藤：次に来たら、まずは警察か弁護士に相談しては……。

> **こんな
> 違法行為**
>
> ## 脅迫罪、恐喝罪等（刑法）
>
> このケースは、本書の他のケースと異なり、従業員をいかに守るか、そのためにどう法的手段を使うかという内容になっています。「SNSに晒されたくなかったら、謝罪だけでなく、少しばかり包んでくれないかな」などと言って、金銭などを要求された場合は恐喝行為とみなすことが可能です。恐喝罪は「10年以下の懲役」が科されます。「あんたの名前も、小学生の親だということもわかった。まあ、調べれば住所もすぐにわかるから、せいぜい注意することだな」などと威嚇されれば脅迫罪になりえます。脅迫罪は「2年以下の懲役、または30万円以下の罰金」です。「土下座しろ」「そいつクビにしろ」などと脅迫や暴力を用いて、相手に義務のないことをさせると強要罪となりえます。この場合は「3年以下の懲役」が科されます。これらの法をしっかり頭に入れておき、弁護士などとも相談のうえ対応できれば、少しは余裕をもてるようになります。

ポイント解説

1 こういう場面でこちら側が、SNSに名前を書き込むといった問題行為をすると、それらが引き起こす会社の社会的評判の低下は甚大なものになります。重要なことは、お客様として尊重しつつ、法的に正しい対応を行うことです。

2 クレーマーの言動によっては、脅迫罪、恐喝罪、強要罪などを問うことが可能になります。そのためには、音声の録音などをすることとともに、まずはこの分野に詳しい弁護士に相談に乗ってもらい、一緒に対応を考えることが必要です。さらに具体的に被害が出そうな場合は警察に連絡することも検討しましょう。業務に必要な法律をしっかりとマスターしておけば、困ったときに我々の身を守ってくれますので、積極的に学習しておきましょう。

ケース
11

「議事録を2通つくれ」との上司の指示

業法違反、私文書偽造等罪（刑法）

●製造部企画担当の独り言……

　月に一度の改善会議が始まる。私はこの会議の議事録を担当している。あるとき、法律で議事録の提出が義務づけられている危険物の製造工程の変更についての提案があった。保安部の課長が、通達文書を見ながら問題点を提起しはじめた。いつにもまして強硬である。「これは〇〇の基準を満たしていない。法令違反の可能性が大なうえに、危険極まりない。この変更は許されない！」

　保安課長の言うことはいつも一理ある。しかし問題点を声高に指摘するばかりで後向きだ。さらには、これまで大事故は一度も起こっていない。いつしか人は彼のことを"オオカミ課長"と呼ぶようになっていた。会議でも保安課長の話をまともに聞く人はいない。

　他からは異論もなく、変更は認められそうになった。四面楚歌の保安課長は、「わかりました。ただ、本件に関しては『保安部としては根本的な再考を要請した』ということを議事録に明記しておいてください」と述べ、そのうえで承認された。

　私はこのやり取りをもとに議事録を作成した。ところが上司は、もう1つ別のものを用意しろと言う。当初作成した議事録は「保安部からは安全性の観点から再考し他の方法も検討すべきとの意見が出たため、慎重に議論した結果、原案は可決された」というもの。そして上司から指示されたのが「安全性について幅広く議論し、原案どおりに承認された。」というものである。

　私はこの2つの議事録がこのあとどう使われるのかまでは関知しない。関知しないが想像くらいはつく。会社から支給されている管理者のハンコは市販の認印であり、誰でもどこでも調達できる。作

成した議事録２つのうちのどちらかが回覧され、当事者によって捺
印されどこかにしまい込まれる。そしてもう１つの議事録は誰かが
手持ちの印鑑を使って捺印し、提出、保管されるのだ。

　私には、ちょっとした罪悪感がある。さらには、この変更が事故
の原因にならないことを心から祈る。オオカミが来て何かが起こっ
てしまったら、一番大変なことになるのは我々の仕事仲間なのだ。

こんな違法行為

業法違反、私文書偽造等罪（刑法）

　本件は、法令が定める各種の安全委員会議事録、衛生委員会議事
録、安全衛生委員会が求める議事録の保管に関しての法令違反と認識
される可能性があります。さらに、重要な私文書（取締役会議事録な
ど登記等に使用したり、行政に提出するような文書）についての偽
造、変造として私文書偽造罪に該当する可能性もあります。保安課長
の「承諾を得ないまま印章（ハンコ）や署名を使用する、もしくは事
実証明に関する文書もしくは図画を偽造し、または偽造したりするな
どをした者は、3月以上5年以下の懲役」に処される可能性がありま
す。

ポイント解説

1 慎重な意見を軽視してはいけません。むしろ、どんな場合でも、
その損失額の想定と発生可能性を議論したうえで意思決定する
習慣をあらゆる組織はもたなくてはいけません。誰も反対意見
を言わない会社こそ危険な会社です。

2 もし議事録を２通りつくれと言われた場合は、問題行為が存在
していることを示しています。「できません」と断ることが必要
です。もし強要されるようであれば、会社の相談窓口に連絡し
てください。かつてウラン原料の製造で臨界事故から死亡者を
出した会社では、議事録を２つ用意し、捏造されたものを監督
官庁に提出しました。あなたも知らないうちに、会社の犯罪行
為や大事故に加担する可能性があります。

ケース 12

取引先との小さな接待の果て

詐欺罪、業務上横領罪、背任罪（刑法）

●プロジェクトの打ち上げにて……

　発注元の田中次長と下請会社の佐藤社長が打ち上げをしている。

佐藤：今回のプロジェクトも大成功に終わりましたね。田中さんの
　　　手腕は誰もまねできません。どんどん偉くなってくださいね。

田中：いや、それは無理なんだよ。……うちの会社はX大閥だろ、
　　　現場でヒーヒー言って働く地方大卒は要するに兵隊。

佐藤：それはおかしいです。誰が稼いでいるんですか！

田中：……まあ、もうそれは言ってもしょーがないことでね。

佐藤：今日は私のほうでお支払いしておきます。

田中：あ、困るんだけど。割り勘にする決まりになっているんだ。

佐藤：あはは、ビール1本と焼きそばだけですよ、田中さんのおか
　　　げでうちはどれくらい稼がせてもらっているかご存知でしょ。
　　　そして今回のプロジェクトが業界でどれだけ評価されている
　　　か。御社内の偉い人の間ではそれほどでもないみたいですけど
　　　も（苦笑）。まあ、ともかく、焼きそば代だけおごらせてくだ
　　　さい。それで次回はおごってください。

ココが
ポイント！
1

田中：そうかぁ、じゃあ、焼きそば代だけね。次回はおごるよ（笑）。

　　　……最初は焼きそば代だったが、いつの間にかエスカレートし、
最近では田中次長のほうから積極的にたかるようになった。

田中：会社にバレないアイデア考えてくれた？

佐藤：うちが納めている〇〇の購入の件ですが、見積りをする会社
　　　をうちとB社とC社にしてください。それで結構です。

田中：ほんとにそれだけでいいの？

佐藤：はい。そうしていただければ売り上げの5％分を田中さん関
　　　連の口座に入れさせていただきます。

田中：5％……。でも、これって大丈夫なの？

ココが
ポイント！
2

佐藤：ご心配なく。昔からどこでもやっている慣行ですし、田中さん
　　　は、見積り先を３社に絞るだけですから何の問題もありません。
　　　……見積り先は３社に固定された。受注先も適当に割り振られて
　　　いる。田中次長に振り込まれる額も累積すると数千万円になった。

こんな
違法行為

詐欺罪、業務上横領罪、背任罪（刑法）

　取り引き先と共謀して、実際に上乗せした金額を自社に支払わせてその増額分を受け取ると、詐欺罪、業務上横領罪、背任罪になる可能性があります。本件は、いわゆるキックバックと呼ばれる行為です。受注側が談合して価格調整を行っており、しかも受注を３社で割り振っていることから巧妙でバレにくい仕組みが構築されました。そのため、長期間継続し、会社の被害額も大変大きなものになりました。このような被害にあった場合、一般的に会社は、まず人事上の対応として懲戒解雇、そして被害に対する損害賠償請求、さらに刑事告訴の３つの手段で対応します。刑事犯罪としては、詐欺罪として「10年以下の懲役」、業務上横領罪では「10年以下の懲役」、背任罪は「5年以下の懲役または50万円以下の罰金」となっています。キックバック額が大きくなると、初犯であっても実刑判決が出ることが想定されます。

ポイント解説

1 巨額な横領や背任事件も、はじめはわずかな金額や小さな接待から始まります。この繰り返しがだんだんエスカレートしていく傾向があります。まずは常に会社のルールをしっかりと守ることに気をつけ、不適切な関係にならないようにしてください（接待を受けてよいか、いけないかは会社ごとに異なります）。

2 他社でもやっている、慣行として受け入れられている、といった“正当化”が行われると問題行為を受け入れやすくなります。むしろ相手がそうした発言をするときには、問題行為が含まれていると考えてください。過去の業界慣行が、現在では違法とみなされる可能性もあるので注意が必要です。

外国政府がらみの取引の問題

ケース13

外国公務員贈賄罪（不正競争防止法）

　　Ｙ国政府との取引をするのはとかく大変らしい、ということで、私はかつてＹ国で伝説的な仕事をしたＯＢの田中さんに話を聞きにきた。

私：Ｙ国で政府の絡む大きなプロジェクトが進みそうなんです。先輩に相談したらＹ国のことだったら、とにかく田中さんに話を聞いてこいと言われました。

田中：いいよ。ただ、俺が知っているのは15年以上昔の話だ。

私：よろしくお願いします。まず一般的な話なのですが、Ｙ国って、いわゆるお役人に賄賂（わいろ）を贈らないと話がまったく進まないと聞きましたが、そうなんでしょうか？

田中：まあな。腐敗認識指数というのがあるの知ってる？

私：何ですかそれ？

田中：公務員と政治家がどれほど汚職しているかのランキング。Ｙ国は確かずっと120位以下だ（160超の国が入っている）。

私：あらまあ。それじゃあ、賄賂が禁止されているうちの会社は取引できないですね。昔はOKだったんでしょうか？

田中：いや、昔からNGだよ。

私：田中さんの提案がものすごくよかったとか？

田中：それだといいんだけどな……。実は、そういうややこしい国での市場開発を専門にしているコンサル会社というのがある。Ｙ国だとXYZコンサルティングが一番よかった。そこに市場開拓のための調査とコンサルをお願いしたんだ。

私：なるほど。彼らがすごい戦略をつくってくれるんでしょうか？

田中：そう、表向きは。

私：えっ、で実態は……？

田中：……ということだ。市場参入の提案もしてもらうけどね。

私：……。

田中：何度も言うけど、これは15年以上前の方法だ。世界的にい
　　　ろいろ厳しくなっているし、Y国の状況も変わっているから最
　　　新の状況を確認しないといけないよ。

> **こんな違法行為**
>
> ## 外国公務員贈賄罪（不正競争防止法）
>
> 　外国公務員等に対し、その職務に関する行為をさせるため（または
> させないようにするため）に金銭その他の利益を供与してはならないと
> いう法律です。これに違反すると「5年以下の懲役もしくは500万円以
> 下の罰金（またはこれの併科）」となります。外国公務員等への旅費、
> 食費などの負担や贈答は、典型的な贈賄行為となりえます。それ以外
> にも不正な支払いと判断される可能性の高い行為としては、スポーツ
> カーの提供、頻繁な贈答品の提供、商品券の贈答、家族等をグルー
> プ企業で優先的に雇用すること、リゾート地への外国公務員家族の招
> 待、外国公務員等の関係する企業をエージェント、コンサルタントとし
> て起用すること、などが例として経済産業省のホームページに掲載され
> ています。（米国、英国の法については解説（2）を参照のこと。）

ポイント解説

1 かつては当該国の政府に強い影響力をもつコンサルティング会
社などを通じて、実質的には贈賄に近い行為が行われていた時
代がありました。しかし、現在はそのような行為は違法として
認識される可能性が飛躍的に高まっており、してはいけないこ
とになっています。

2 米国や英国で事業を行っている企業であれば、米国の海外腐敗
防止法、英国の贈収賄防止法などによって、第三国で行われた
公務員への贈賄行為であっても会社または社員が摘発され、多
額の罰金を科される可能性があります。時代はどんどん贈賄行
為に対して厳しくなっており、過去のやり方を継承すると大失
敗する可能性があることを知っておきましょう。

取引先への発注後減額の要請

発注後減額（下請法）

山崎：課長、もう発注しちゃってますから、今から半額にしろとは
　　　言えないですよ。新東京設備さんも工事始めてます。

森課長：上からの命令だからなんとかしろ。別に正式な契約書は結
　　　んでないんだろう？

山崎：確かに契約書も発注書もありません。

課長：メールで発注した履歴も残してないだろうな？

ココが ポイント！ 1

山崎：新東京さんとは、いつも口約束で進めてますから。

課長：よし。じゃあ、なんの問題もない。うちは正式に金額を指定
　　　して依頼していないのに、相手が勝手にフルスペックで工事を
　　　進めたということにすればいい。ちょっとかわいそうだけどな。

山崎：課長、ちょっと待ってください。長年の信頼関係はどうなる
　　　んですか？　うちのためにすごく頑張ってくれてますよ。

課長：それはそうだが、仕方がないんだよ。うちも大ピンチなんだ
　　　から。それに新東京くらいの下請け企業なんか、探せば他にい
　　　くらでもある。

山崎：訴えられたら勝てますか？

ココが ポイント！ 2

課長：新東京が訴える？　訴えるわけないだろう。うちが負けるこ
　　　とはないが、負けたとしても工事費を全額取られるくらいだ。
　　　向こうは「すぐに訴える会社」という悪いレッテルを貼られる
　　　ことになる。そんな会社には誰も頼まなくなるから、めったな
　　　ことでは訴えたりしない。

山崎：せめて、半分の額に加えて用意した部材の費用だけでも払っ
　　　てあげたらどうでしょうか？

課長：おまえほんとにバカだな。そんなことしたら、フルスペック
　　　の契約が実在していたということになって、全額払わなければ
　　　ならないことになる。優しすぎるヤツは出世しないぞ。

山崎：でも、違法行為かもしれないので法務に確認してみます。

課長：アホ！ 何を考えてるんだ！

こんな違法行為

発注後減額（下請法）

　下請法は、仕事を発注する側が、受注する側に不利益を押し付けることのないよう下請取引の公正化・下請事業者の利益保護を目的として制定されたものです。下請法では、一定の資本金額以上の親事業者（仕事を発注する側）が一定の資本金以下の業者（個人を含む）に仕事を発注する際に「発注書面の交付義務」「下請代金の支払期日を定める義務」「書類の作成・保存義務」「下請代金の遅延利息の支払義務」を課しています。さらに受領を拒否すること、下請代金の支払いを遅延すること、下請代金を減額すること、返品をすること、買いたたきをすること、購入・利用強制をすること、不当に給付内容を変更してやり直しをさせることなど11の禁止項目があります。これらの罰則としては「50万円の罰金」、さらには公正取引委員会などから「勧告」「指導」の処分、親事業者の名称や違反内容が公正取引委員会のホームページなどでの公表などがあります。

ポイント解説

1 長年の慣行で仕事の発注がいまだに口頭で行われており、親事業者の義務である発注書面の交付義務を満たしていない取引が散見されます。下請法を遵守するうえでも、ミスを防ぐ意味でも、組織として文書を作成し交付する習慣をつける必要があります。

2 下請業者は親事業者の言うとおりに従うと考えている人もいますが、そういう時代は終わりました。毎年下請業者には中小企業庁などから実態調査のアンケートが送られており、問題のある親事業者は告発される可能性があります。さらには、下請けいじめをしていると、訴訟を受けたり、SNS等での企業の評判の低下が起こり、仕事にも悪影響が出る時代になっています。下請取引に対する考え方を根本的に変えたほうがよいと考えられます。

出張先の写真のSNSへのアップ

情報漏れ（違法行為ではない）

　……ある会社の企画部の先輩と後輩のコンビが、業務提携契約の締結のため地方企業に出張した。打ち合わせはことのほかうまく進み、予定より随分早く仕事から解放された。

後輩：先輩、せっかくここまで来たんですから、ちょっとお城に寄っていきません？　なんといっても天下の名城ですし。

先輩：おい、まだ勤務時間内だぞ……。と言ってはみたものの、お城の中に入るのは昼間でないと無理だよな。

後輩：戦国大名になったつもりで城下町を眺めてみましょうよ。

先輩：うん、ちょっとだけな。

　2人で天守閣まで登ってきた。

後輩：なんてすばらしい景色。天守閣での写真を一緒に撮りましょう。（近くにいた人に）すみません、ちょっと写真をお願いできますか？

2人：どうもありがとうございました。

　……その後、2人は新幹線に乗って帰った。翌日、お土産をもって出社すると、課長から「すぐに来なさい」と別室に促された。

課長：君たち、なんということをしてくれたんだ。

先輩：は、はい。打ち合わせはつつがなく終わりましたが。

課長：いったいこれはなんだ。部長も大変お怒りだ。

　課長のスマホには天守閣で笑顔の2人の写真が。よく見ると後輩のSNSのアカウントである。「先輩と出張で○○市に来ました。業務後にちょっと寄り道して○○城天守閣に登りました！」とある。

ココがポイント！❶

先輩：あ、あ、これはですね。サボっていたのではなく、打ち合わせが早く終わりましたので……。就業時間内にすみません。

後輩：すみません。これ、私が無理やりお誘いしたんです。サボるつもりはなかったのですが……。

課長：君たち、何が問題かわかってないの？

先輩：え？　仕事時間にサボっていたことですよね？

課長：……。ことの重大さが君らにはわかってないようだ。

こんな
違法行為

違法行為ではないが、会社の動きがバレる

　会社がどんな会社と仕事をしようとしているか、見る人が見れば推測できる情報を一般に公開してしまったのがこのケースです。就業時間内にお城に出かけたことは、会社の就業規則上の問題にもなりえますが、それほど大きな問題ではありません。一方、企画部の人間2人が出張した場所が明確にわかる写真をSNSにアップすることは、その地域の企業となんらかのビジネス上の関係をもっている、またはもとうとしている、ことを言外に語っています。競合会社には、情報をタダでプレゼントし、提携候補会社にとってもこの段階では外部に漏らしたくなかった動きを他社に知らしめる行為となってしまった可能性があります。SNSに写真をアップしたことは違法でもなく、法的な問題はありませんが、会社は大きな損害を被る可能性があり、社内的な処分が下される可能性はあります。

ポイント解説

1 SNS上で自分の仕事内容や行動履歴を克明に記載する人がいます。今日は何を食べた、といったプライベートな情報であれば問題ないのですが、出張でどこに行った、今日は誰と会った、といった仕事の内容が推測できる情報を出す人もいます。きわめて危険です。

2 就業時間にお城に行ったことが問題ではなく、提携交渉をしていることが外部から類推されるような情報を提供したことに対する失望のコメントです。SNSには"自分の会社名や部署名を入れていないから大丈夫"と思う人もいるかもしれませんが、見る人が見れば、そのあたりの情報は簡単に推測されてしまいます。何が出してよい情報で、何はいけないか、についての判断能力を高める必要があります。

第2章　これだけは知っておきたい職場の不祥事24のケース

49

未公開情報をもとに株式売買の画策
インサイダー取引（金融商品取引法）

橋本：どう最近？

阿部：どうも、こうも。景気悪くてどうしようもないよ。

橋本：それはそうだな。ところでお前、株はやる？

阿部：うん、たまに。親から相続した株がいくつかある。

橋本：お、そうか、それはいい。（小さな声で）ここだけの話なんだけども。俺の嫁さんの弟が上場企業であるバイオベンチャーのXY製薬の研究者で……。

ココが ポイント！ 1

阿部：それはすごいな、超賢い。

橋本：で、なんと新型ウイルスの特効薬ができたと言うんだ。実験室レベルでは抜群の効果なんだと。

阿部：なんと、世界が待ちに待った特効薬ができたと。安全性は大丈夫なのかな？

橋本：そこはこれからららしいが。とにかく30年に一度レベルのホームランの可能性が高いらしいんだ。

阿部：で何？　もしかして、俺に株を買えと言ってるの？

橋本：実はそう。俺は関係者に近いだろ。お前ならかなり遠い。

阿部：とはいえ、お前、これインサイダー取引だろ？

橋本：そうかもな。

阿部：マジか。……ところでベンチャーの製薬会社が新薬を当てたら、どのくらい株は上がるの？

橋本：10倍なんて普通にある。今回の薬はホームランだから、そんなもんではすまないだろう。

阿部：……。

橋本：500万円預けるから、お前のお金を加えて買ってほしい。

阿部：バレないかな？

ココが ポイント！ 2

橋本：たまにバレる。しかし、うまくいけば遊んで暮らせる。

阿部：500万円で20倍になったら１億か。年収の20年分だ。

橋本：だろ。バレたらへき地に行って、畑耕して生きよう。

阿部：ちょっと考えさせて。

橋本：時間はないぞ。新薬開発成功の噂はすぐ広がるからな。

> ### こんな違法行為
> ## インサイダー取引（金融商品取引法）
>
> 　上場会社の関係者等が、職務や地位により知り得た未公表の重要情報をもとに株式を売買することをインサイダー取引といって規制されています。インサイダー取引では、使用人その他従業員が職務に関して知った未公開情報をもとに株式の売買を禁じているだけでなく、会社関係者から重要事実の伝達を受けた者（情報受領者、このケースでは橋本さん）についても公表前の売買等を禁止しています。情報提供者から情報を受けた２次情報受領者（阿部さん）はインサイダー取引の対象には該当しませんが、一次情報受領者である橋本さんの共犯者として罰せられます。また、もしXY製薬に勤める嫁の弟が橋本さんに株を買わせようと思って情報を伝えたのであれば、これもまた処分対象となります。インサイダー取引違反は「５年以下の懲役もしくは500万円以下の罰金、またはその両方」が科されます。

ポイント解説

1 仕事をしているといろんな形で「ここだけの話」というのを聞くことになります。もちろん、中には本当によい話もあるでしょうが、基本的にはだいたい不確実であったり、危険なことが多いものです。注意して聞くようにしましょう。

2 証券取引等監視委員会による個人の売買履歴のチェックや通報窓口への情報提供などによって、インサイダー取引は捕捉されてしまいます。もし発覚すれば会社にも当局の捜査が入り、新聞等でも報道され、会社からも解雇になる可能性が高く、その後の人生が大変なことになります。期待値も低く、絶対にやってはいけない行為です。

ケース17 根拠のない「No.1」の広告表示

優良誤認表示（景品表示法）

石川課長：次のプロモーションの広告原案できた？

山下：はい、これでいかがでしょうか？

課長：うーん。これでは弱いな。「会員になれば全商品使い放題」くらいまで言い切らないと誰も興味をもってくれないよ。

山下：と、おっしゃいましても、今回の企画では、実質的に使い放題になる商品は、全商品どころか半分くらいですよ。全商品使い放題とまで言うのは、さすがに問題はないですか？

課長：競合に勝とうと思ったら、思い切ったことを言わないと話にならない。同様なプロモーションは以前にもやったことがあるけども、そのときは、誰からも文句が出なかったぞ。＊をつけて欄外に注意事項として明記しておけば問題ないだろう。

ココがポイント！ ❶

山下：そのプロモーションはいつ頃のことでしょう？

課長：私が入社してすぐだから、10年前くらいかな。

山下：おっ、10年前っていうと、まだそれほどコンプライアンスとかうるさくなかった時代ですね。さらには、うちの会社もまだ有名企業ではなかったのではないでしょうか？ 社会の環境やうちの会社の社会的地位が全然違うように思います。

課長：小難しい屁理屈ばかりを言うのはやめろ。それから、このコピー文だとうちの会社の紹介のところもだいぶ弱いな。

山下：この分野で業界ナンバー1とか言えたらいいんですけども。

課長：そしたら、ネット調査かなんかにうまく頼んで、適当にナンバー1の調査結果を出してもらえばいい。

ココがポイント！ ❷

山下：最近はネット調査会社もしっかりと調査しますので、うちの思いどおりにナンバー1にしてくれませんよ。

課長：できない理由ばかり考えてないで、できる方法を考えたらどうだ。もう時間もないから「〇〇業界ナンバー1」の当社が

「会員になれば全商品使い放題」のサービスを出すと書きなさい。消費者庁がなんか言ってきたら、そのとき考えよう。

こんな違法行為 優良誤認表示（景品表示法）

　商品等の品質について、実際よりも著しく優良、または事実に相違し競争業者よりも著しく優良とし不当に顧客を誘引する表示を優良誤認表示といい景品表示法で禁止されています。もし違反行為が認められた場合は、消費者庁は事業者に対し、不当表示により一般消費者に与えた誤認の排除、再発防止策の実施、今後同様の違反行為を行わないことなどを命ずる「措置命令」を出します。またその場合、消費者庁は当該事業者に対し、課徴金の納付を命じます（課徴金納付命令）。過去の事例では、不当表示の期間の売り上げの3％に相当する総額数億円を超える課徴金を支払った企業もあります。さらに、それらの情報が消費者庁のホームページ等で公表され、一般にも報道されますので、会社のブランドを大きく毀損します。

ポイント解説

1 過去に問題がなかったからといって、現在も同じことを行ってよいかどうかはわかりません。とくに成長企業の場合、社会的な地位が以前と比べても大きく変わることから、過去は見逃されても、現在では注目され、社会問題化する可能性が高くなることを認識しておかなくてはなりません。また＊等で注記しても、適切に表示されなければ優良誤認として認識されます。

2 ナンバー1などと明示するには、その表示の裏付けとなる合理的な根拠を示す資料を用意しなくてはなりません。消費者庁は、その試験・調査の方法は、「性能に関連する学術界又は産業界において一般的に認められた方法又は関連分野の専門家多数が認める方法により実施する必要がある」と定めており、その方法を実施可能な専門機関に依頼しないと根拠を用意したことになりません。

ケース18 同僚の性にまつわる噂話

環境型セクシャルハラスメント（民法、労働契約法）、名誉毀損（きそん）

●営業会議が終了した直後の雑談にて……

遠藤：くやしいですけど、（となりの課の）坂本さん、がんばってますね。ずっと営業成績一番ですよ。

鈴木課長：それは良いに決まっているよ。なんたってあの人は異性にうまく取り入るからね。

青木：え？　どういうことですか？

課長：そういうこと。

斉藤：よくわかりません。

ココがポイント！1

課長：知らないの？　お客様に上手に取り入って、お食事にも出かけて、そのあとのお付き合いもするわけで。

遠藤：まさか……。ほんとですか？　課長。

課長：そうでないとあれだけの数字をいつも出せるかね？

斉藤：まあ、いつも素晴らしい数字ですね。

ココがポイント！1

課長：少し前だけども、お客様というか、お付き合いのある方というか、色恋沙汰で坂本さんと揉めて、会社に押しかけてこられたこともあるらしいよ。

青木：提案力がすごいんだと思ってましたが、少し残念です。

課長：同期で誰よりも早く出世したのも、役員や部長連中の覚えがめでたいからで。それも、とくに〇〇専務との夜のお付き合いのおかげだという噂もある。

ココがポイント！1

斉藤：えー。

課長：覚えがめでたいと担当させてもらえるお客様も良いお客様ばかりになるからな。

遠藤：だから、売り上げがあがる。

課長：そういうこと。

遠藤：そういうことだったんですか……。

課長：君らも、数字あげないとね。

斉藤：わ、わかりました。

課長：みんなも坂本さんみたいに「夜の営業をしろ！」とは言わないから、負けないようにがんばってよ。

**こんな
違法行為**

環境型セクシャルハラスメント（民法、労働契約法）、名誉毀損

　セクシャルハラスメントは「性的嫌がらせ」のことで、主に職場で行われる性的な言動のことを指します。セクハラというと、被害者に対して性的な言動をすることが最も一般的ですが、このケースのように、特定の人の性生活や性向を窺わせる内容について発言を行い、人格に被害を与え、職場で仕事を続けにくくなるような行為もセクハラになります（「環境型セクハラ」といいます）。これらの行為には、民法の定める不法行為による損害賠償が適用され、当人や会社に損害賠償が命じられることもあります。会社は、労働者からセクハラの相談があった場合には、再発防止措置を講じる義務があります。なお本件の場合、名誉毀損として刑事または民事の責任が追及される可能性もありえる状況ともいえます。

ポイント解説

1 無責任な性にまつわる噂話をすることは、会社内であろうと、飲み会の席であろうと絶対にやめなければいけません。言うほうは、単に面白がっているだけかもしれませんが、こうした話は必ず職場に広がり、言われた人は職場に居づらくなってしまいます。労働契約法には職場の安全配慮義務というものがあり、企業は、労働者がその生命、身体等の安全を確保しつつ労働することができるよう、必要な配慮をしなくてはなりません。ここには、職場環境等の物理的な問題はもちろん、「職場でのハラスメントや嫌がらせが起きないよう対策や啓蒙を行う」といった従業員の精神面・健康面への配慮も含まれています。

形骸化した月45時間以内の残業

サービス残業（労働基準法）

　うちの部は、全員が月45時間以内に残業を抑えている。岡田部長は朝礼でいつも言う。「生産性をあげよう。無駄な時間を減らして早く帰ってください」と。ただ、現実は少し違う。毎月3週目くらいを迎えるとこんな会話が行われる。

中島課長：みんな時間管理わかってますね。45時間までそれぞれあと何時間残ってますか？

石井：10時間です。

小川：14時間です。

前田：8時間です。

課長：各自しっかりと自分の状況を確認して、決して45時間をオーバーしないように。

　一方で、課長はこうも言う。

課長：何が何でも納期は守らないといけない。納期が守れない企業や社員は顧客からの信頼を失う。

　たしかに顧客の信頼を失ったら、売り上げ減を余儀なくされる。でも、それって納期守れないと罰則という意味？　と思ったりもする。そういう意味で使っているのではないとは思うのだけれども……。そして、我々が頭を悩ませていると……。

課長：知恵を出せ。生産性をあげろ。君たちならできる。

　とも言う。これまたごもっともだ。

　で、実際どうしているかというと、課員のほぼ全員が自宅や会社でサービス残業をしている。中島課長が言うように生産性がアップして時間短縮ができればいいのだけれども、知恵が泉のように湧いてくるわけでもない。すでに相当の業務改善をしてきたのだ。改善すべきところもあまり残っていない。とはいえ、課長から「サービス残業をしろ！」と強制されたこともない。実際の残業時間は60

ココが
ポイント！
1

ココが
ポイント！
2

〜70時間くらいの気がする。ガマンできないこともない。あえて事を荒立てることもないし、それほどひどい状況でもない。そんなことで、今の状況がこれからも続くのだろうなと諦めている。

> **こんな違法行為**
>
> ## サービス残業（労働基準法）
>
> サービス残業とは雇用主が、残業代の全部または一部を支払わずに法定労働時間を超えて従業員を働かせることで、労働基準法の違反行為となります。一般的には、部下に残業の申請を行わさせず、一方では、業務時間内では遂行不可能な質と量の業務を課すことで、残業せざるをえない状況をつくり出すことによって生まれます。時間外労働については、原則月45時間、年360時間までと定められており、特別の事情がなければこれを超えることができません。そのため45時間を超える分についてサービス残業しろと（言外に）強制される可能性があり、上記のケースはそれに該当します。罰則としては「6か月以下の懲役または30万円以下の罰金」が定められています。また厚生労働省は労働基準関係法令に違反した企業名を同省のホームページに掲載しており、ここに掲出されると社会的評判が大きく低下します。

ポイント解説

1 企業は労働者の代表と36協定（サブロク協定*）を結べば時間外労働や休日労働を行わせることは可能ですが、無制限に働かせることはできません。この上限を定めているのが限度時間（原則月45時間、年360時間）となります。

2 本ケースは、自発的に残業をしているように見える状況となっていますが、好ましくありません。本来は現況を課内で共有する場をもち、仕事のダブりを減らすなどの生産性向上と仕事量の削減などに取り組むことで、サービス残業をなくさなければいけません。もし、上司がサービス残業をすべく誘導する場合は、会社の相談窓口等に連絡してみてください。

*労働基準法に基づく労使協定。企業が法定労働時間（1日8時間1週40時間）を超えて労働させる場合等に必要なルール。

副業先からの情報漏洩

営業秘密の漏洩（不正競争防止法）

●技術部次長の独り言……

　在宅勤務の時間が増えたおかげで、通勤時間が減少し、時間的余裕が生まれてきた。そうしたところ、SNS経由でいろいろな副業の依頼が来るようになった。話は多様である。研修の先生をしてほしい、といったものから、知人が経営をしている会社のアドバイスをしてほしいといったものまで。会社は副業を支援するスタンスなので、申請をして許可を受けたうえで実施をしている。

　あるとき、システム開発の会社から、業界のことを学びたいので、いろいろ教えてほしいという依頼がきた。一般的な話なら、ということで会社にも許可を取ったうえでお答えしたところ、大変喜んでいただき、いくばくかの対価をいただいた。

　しばらくして、同じ会社から2度3度依頼をいただいた。だんだん込み入った内容になってきたが、丁寧にお答えさせていただき、またもや喜んでいただいた。会社のほうには、同じ会社かつ同じ内容であること、さらには少額なので、許可を取るまでもないかと思いそのままにしておいた。それよりも、私の話をこんなにも真剣に聞いてくれる人がいることがうれしくて、一生懸命答えた。秘密に近いようなことを話したかもしれないがあまり覚えていない。

　そののち再びその会社から連絡があり、気分よく現場に向かったときにはビックリした。なんとシステム会社の人だけでなく、同業の競合会社の部長が一緒に来ていたのである。「しまった」と思ったときには遅かった。私は話を聞いてくれることがうれしくて、いろいろ話をしてしまったのだが、その人は競合会社とつながっていたのである。重要な秘密を話したつもりはないが、少しは話してしまったかもしれない。2回目以降、会社に届け出をしていないことも頭をよぎった。私は会社を裏切って、競合会社に情報を（間接的

ココが
ポイント！
1

ココが
ポイント！
2

であるとはいえ）漏らしてしまったのである。私はどうするべきだろうか？　すぐに席を立ち、会社に事の顛末を正直に言うべきだろうか？　私は今、ちょっとした人生の岐路に立っている。

**こんな
違法行為**

営業秘密の漏洩（不正競争防止法）

　不正競争防止法の定める営業秘密の漏洩とは、「秘密として管理されている」「有用な情報である」「公然と知られていない」の3要件を満たす情報を従業員等が競合等の外部に漏らすことを意味します。労働者は労働契約に付随する信義則上の義務として、一定範囲の秘密保持義務を負うと一般的に考えられています。また就業規則には通常、秘密保持義務が書かれており、会社は営業秘密の漏洩があった場合は、懲戒解雇等の懲戒処分に加え、損害賠償を請求することができます。さらには不正競争防止法の定める刑事罰の対象になる可能性もあります。罰則の内容は「10年以下の懲役もしくは1000万円以下の罰金に処し、またはこれを併科する」と重いものです。競合からのアプローチに副業で応じる人はまずいないと考えられますが、本ケースのように別の業種を装いながら、実際には競合とつながっている場合もありますので、会社のルールをしっかりと守ったうえで、かつ注意深い行動が求められます。

ポイント解説

1 副業に関しては会社ごとのルールがあります。手続きが面倒であったり、承認のプロセスに時間がかかったりすることがあり、つい報告をサボりがちになりますが、副業を充実させるためにも正しく手続きをすることが必要です。

2 外部の人と仕事について話す場合は、どこまでが公開情報で、何が営業秘密に相当する情報であるかについて、しっかりと区別をして話す（話さない）必要があります。自分の話に興味をもってくれる人がいるとついサービスで社内情報や秘密情報を話してしまう人がいますが、不適切です。

顧客データの用途制限外の使用

ケース 21

個人情報の目的外利用（個人情報保護法）

小野課長：購買シミュレーションソフト、そろそろできそう？

丸山：課長、すみません。これ難しいです。

課長：なに〜！ ウチの商品を買った人の属性データを統計的に解釈して、見込み客に進めてみて買うか買わないかの可能性を推定するだけのソフトだろ。何がそんなに難しいんだ！

丸山：調べてみたら、顧客データはうちのものではなくて、商品を販売した会社に属することになっているんです。

課長：それはわかっている。でも、ちゃんとうち（メーカー側）に情報を出すことがあることも使用同意書には書いてあるだろ？

丸山：書いてあるんですが、その用途が……。

課長：用途がなんだ！

丸山：用途制限があって、研究開発および商品開発に限って我々メーカーが利用できると。

課長：あらま、そうなんだ！ 困ったな。じゃあ、販売会社に出向してつくるのは？

丸山：約30の販売会社にはそれぞれ個人情報がありますが、それぞれ自分のところの情報しかありません。まとまったものをもっているのはうちだけです。

課長：おっと……。でも、これも商品開発じゃないか。だって、販売会社に使ってもらうソフトなんだから。

丸山：はっ？ どうでしょうか？

課長：それに個人情報とかいっても、一人ひとりの個人の属性情報が表にさらされるわけじゃないよね？

丸山：それはありません。あくまで統計的なデータにしかすぎません。一人ひとりの姿は出てきません。

課長：お客様は何か困るかな？

丸山：何も困らないと思います。

課長：販売会社にはすでにつくるってこの間の会議で宣言しちゃってるし、期待も大きいんだよな。どうしよう？

こんな違法行為 個人情報の目的外利用（個人情報保護法）

個人情報とは、生存する個人に関する情報で、氏名や生年月日等により特定の個人を識別できるものをいいます。そして個人情報取扱事業者は、その取り扱いに際して、利用目的をできる限り特定しなければなりません。また利用目的はあらかじめ公表しておくか、個人情報の取得時に本人に通知する必要があります。そして取得した個人情報は、利用目的の範囲内で使わなくてはなりません。これらを守らず、国の監督にも従わないと罰則が適用されます。国からの命令に違反した場合は「6 か月以下の懲役または30万円以下の罰金」、虚偽の報告をした場合は「30 万円以下の罰金」、従業員が不正な利益を図る目的で個人情報データベース等を提供・盗用した場合は「1 年以下の懲役または50万円以下の罰金（法人にも罰金）」となっています。

ポイント解説

1 取得した個人情報は、特定した利用目的の範囲内で利用する必要があります。もし特定した利用範囲以外のことに利用する場合は、あらためて本人の同意を得なければなりません。本ケースの場合は、販売目的に利用してもよいか、再度、本人の同意を得る必要があります。

2 個人情報を本人が特定できないよう加工し、かつ当該個人情報を復元できないようにした匿名加工情報というものがあります。この作成方法の基準は、個人情報保護委員会規則で定められていますが、これは情報を適切な目的と方法のもとに利活用することで社会の発展に役立たせようとするものです。個人情報保護の原則と規則を遵守しながら、一方では情報を有効に活用していきたいものです。

形骸化した法律を無視
意味のない古い法律（業法等）

わが社は有力な製造業である。絶えずグローバルで競争にさらされ、製造現場は、常にコストダウンのプレッシャーを受けている。

杉田：課長、またコストダウンの指示ですか？ 本部の連中は数字しか見ませんからね。昨年５％ダウンなら今年も３％くらいは下げられるだろうって。ほんまに頭にきます。

大塚課長：そう言うな、彼らも仕事なんだから。どこかに可能性はないかな？

杉田：もうどこもありませんが、たった１つだけ……。

課長：ああ、あれね。

杉田：はい、あの検査、もうバカげてますよね。何か意味あるんですか？

**ココが
ポイント！
1**

課長：もともとは、戦後すぐに粗悪品が出回ったのを規制するためにつくられた法律に基づく検査だ。今となってはほとんど無意味だし、この検査のためのコストはバカにならない。これをやらなかったからといって、誰にも迷惑をかけることはないだろう。そもそも海外向けには不要なんだから。

杉田：これ無くならないのは国家の怠慢じゃありません？

課長：そうは言ってもなぁ。

杉田：もういっそのこと、やめちゃいません？

課長：それは、さすがにまずいだろ。

杉田：でも、ここに手を着けなければ3％なんて無理ですよ。他に方法あります？

課長：それはそうだが……。

**ココが
ポイント！
2**

杉田：それに実は、Ｘ社もＹ社も、一応検査はやっているものの、資格もないアルバイトの業務にしているみたいですよ。

課長：なに？ それは本当か？

杉田：はい、かなり確度の高い情報です。要するに誰もが不要だと
　　　理解しているんですから、真面目にやるのはやめましょうよ。
課長：問題なくできるんだったら考えてもいいかな……。

こんな
違法行為

意味のない古い法律（業法等）

　法令の中には、その歴史的使命を終え、その存在が意味をなしてい
ないどころか、業務に無駄な負荷をかけているものがあります。
　道路の速度制限のように、誰もが少しスピードオーバーして走りなが
らも検挙されないように、業界の誰もが守っていない、あまり実質的に
意味を成していない、といった法令が存在します。ところが何かのきっ
かけで、そのルール違反が社会一般の知るところとなると、最初に発覚
した会社は法令違反をした会社として最大の社会的制裁を受け、続々
と発表される同業者の違反行為に対して業界への不信感が高まる、と
いうのは近年よく見るシーンです。実質的に意味はなくとも、法令の定
めることをやらないのは、企業としてのモラルの維持、企業イメージの
毀損などの観点から見てリスクが高いものです。法令を遵守しつつ、一
方では業界団体の活動などを通して意味の薄れた法律の撤廃、改革に
取り組む必要があります。

ポイント解説

1 技術の進歩や社会の発展によって、法令のよって立つ環境が
まったく変わっていることがあります。もし不要になっている
のであれば、法律の改正や撤廃のために努力しなくてはなりま
せん。そういうことのために業界団体等は存在しています。

2 他社もやっているということを聞くと、しっかりとしたリスク
評価をすることなく、安易に追随し易きに流れる可能性が高く
なります。それは危険です。他社の動きを知ることは重要です
が、それに引きずられてはいけません。

秘密裡に進められる人減らし

ケース
23

パワーハラスメント（パワハラ防止法）

長谷川部長：あまり大きな声では言えないが、うちの部30人のうち最低3人、できれば5人を期末までの間に退職にもっていかなければならない。人事部長からの極秘の指令なんだ。

藤田課長：会社の状況が厳しいことはよくわかっています。

部長：候補となると……。

課長：普通に考えると、著しく人事評価が低い〇〇さん、△△さん、□□さん、XXさん、あたりが候補ですかね。

部長：個別に声を掛けて、自主的に退職してくれればいいのだが。

課長：簡単にはいかないでしょう。ウチを辞めたあと新しい仕事を見つけるのはかなり難しいと思いますから。

部長：何かよい方法はないかな……。

課長：まぁ、一般的には、居られない状況にする、というか、辛くて会社に来れない状況にするといいますか……。

部長：誰かが毎日怒鳴りつければいいのか？

課長：そういうのもありますが、よく行われるのは過剰なノルマを与えるとか、その逆に単純作業を朝から晩までやらせるとか。

部長：下手をしたら、マスコミに糾弾されるだろう。

課長：もっと悪い場合は、仕事を与えられなかったり、プライバシーを詮索された社員が精神的に追い詰められてうつ病を発症したりします。

部長：おい、脅かすなよ。法律的にはどうなの？

課長：大声で脅すのも、過剰なノルマも、単純作業をやらせるのも、パワハラとして認定される可能性が高いです。

部長：それじゃダメだ。八方ふさがりだ。どうすればいいんだ？

課長：私としてはそうした方法ではなく、会社全体として希望退職を募るというまっとうな方法がいいと思います。

部長：まあ、それは間違いなく正論だと思うけどな。それにパワハ
　　　ラでクビになりたくもないし。でも、上は自主的に退職するよ
　　　うにできないか、と言ってるんだけどな。どうしよう？

こんな違法行為

パワーハラスメント（パワハラ防止法）

　パワーハラスメントとは、職場内の優位性を利用した、主に社会的な地位の強い者による、「自らの権力や立場を利用した嫌がらせ」のことを言います。パワハラかどうかは次の3つの基準で判断されます。①職場の地位・優位性を利用している、②業務の適正な範囲を超えた指示・命令である、③相手に著しい精神的苦痛を与えたり、その職場環境を害する行為である、です。さらに具体的に6つの類型が定められており、1.身体的侵害（暴力や傷害）、2.精神的侵害（脅迫や名誉毀損、侮辱、酷い暴言）、3.人間関係からの切り離し（無視、隔離、仲間はずれ）、4.過大な要求（業務上明らかに達成不可能なノルマを課す）、5.過小な要求（程度の低い単調な作業を与え続けること）、6.個の侵害（プライベートな内容に過剰に踏み入ってくる行為）となっています。パワハラ防止法には罰則は定められていませんが、厚生労働大臣が必要があると認めるときは、事業主に対する助言、指導または勧告を行い、さらに規定違反への勧告に従わない場合にはその旨が公表される可能性があります。そうなると企業イメージの著しい低下が予測されます。

ポイント解説

1 怒鳴りつける行為は、パワハラ6つの類型のうちの2.精神的侵害にあたります。怒鳴るほうは普通に話しているつもりでも受け手が怒鳴られていると感じることもあるので注意しましょう。

2 ここで述べられていることは、すべて6つの類型に当てはまります。経営上の問題で雇用の継続が難しくなることはありますが、ハラスメントまがいのことを行って人減らしをしようとすれば、残っている社員にも悪影響を与えます。企業イメージも大幅に低下して良い人が採用できなくなる可能性も高くなります。

遠藤：課長、渋谷物産の担当者から、「今年もぜひよろしく」と商品カタログをもらってきたんですけども……。

青木課長：ああ、またか。

遠藤：これ、何か問題がありますか？

課長：事実上の購買命令。

遠藤：買わないといけないと……。

課長：そういうことなんだよ。以前、渋谷物産のこの依頼に対応しなかった西新宿工業は、残念なことにそれ以降、渋谷物産からの仕事がなくなってしまったんだ。

遠藤：21世紀の日本でまだそんなことがあるんですか？

課長：いやいや、そんなのは普通。渋谷物産の購買担当者が「うちの商品をどれだけ買っていただいているかは、グラフにしてオフィスの中に貼ってます。西新宿工業さんは今年は名前がなかったみたいだけど……」と言ったのを聞いたことがある。

遠藤：これは、やはり何か買わなくてはいけないということなんですかね？

課長：まあ、仕方がないな。幸い渋谷物産のカタログの商品は良いものが多く値段も手ごろなのでいいが、商品も値段もひどいものを無理強いしてくる会社もあるらしい。

遠藤：これ、どこかに訴えたりできないんですか？

課長：公正取引委員会というのがあって、そこに被害を聞いてくれる窓口があるのと、毎年、「元請け企業から圧力をかけられてませんか？」というアンケートを送ってくる。

遠藤：ちゃんと機能してるんですか？

課長：Yesだ！公正取引委員会のホームページには、下請けに無理な要請をした企業に対する行政指導の例がたくさん載ってる

よ。

遠藤：じゃあ、うちも公正取引委員会に駆け込みます？

課長：バカ、そんなことしたら渋谷物産との取引はなくなるじゃないか！

こんな違法行為

優越的地位の濫用（独占禁止法）

　独占禁止法が言う優越的地位の濫用とは、「取引上の地位が相手方に優越している一方の当事者が、相手方に対し、その地位を利用して、正常な商慣習に照らして不当に不利益を与える行為」のことです。この代表的なケースとしては、購入・利用の強制（取引に影響を与えることを匂わせ、事業遂行上必要でない商品を購入させること）、協賛金等の負担の要請（合理的な範囲を超えた協賛金の負担要請）、受領拒否（商品の購入を契約した後、正当な理由がないのに受領を拒否する）、返品（正当な理由なく受領した商品を返品する）、減額（理由なく契約で定めた対価を減額する）、取引の対価の一方的な決定（一方的に著しく低い対価で取引を要請）などです。罰則としては公正取引委員会から排除措置命令（行為を速やかにやめるよう命じるもの）と課徴金納付命令を受けることがあります。さらには刑事罰として、実行者には「5年以下の懲役、500万円以下の罰金、法人には5億円以下の罰金」が科されます。

ポイント解説

1 このケースは、購入・利用の強制（取引に影響を与えることを匂わせ、事業遂行上必要でない商品を購入させること）の典型的な例といえます。

2 公正取引委員会は、中小企業庁と連携して調査を行い、独占禁止法や下請法での問題行動を起こした企業についての排除措置命令や勧告などの情報を対外的に発表しており、その多くはニュースとしてマスコミで報道されます。企業イメージに与える影響は甚大であり、このような問題を起こすことのデメリットは相当に大きいものがあります。

経営者・管理者のための職場の対策ガイド

第3章では、管理職やリーダーの皆さんを対象に、職場で行うべきコンプライアンス対策について解説します。メンバーの方もぜひ知っておいてもらいたいと思います。

1 現場でコンプライアンス意識を高めるために必要なこととは？

組織のメンバー全員がコンプライアンスの意識を高めておければ、大きな問題に巻き込まれる可能性は下がります。では、どのようにすればよいでしょうか。以下の4つの方法があります。

① 危険なケースを共有し、危機察知能力を高める
② 自社のコンプライアンス事例集を作成して読み込む
③ 法律知識をできるだけ確実なものにする
④ 定期的なメッセージの発信やコンプライアンス研修を実施する

① 危険なケースを共有し、危機察知能力を高める

本書で触れてきたのはまさにこの危険なケースについてです。知らず知らずのうちに悪事に巻き込まれ、いつの間にかコンプライアンスの違反者になって犯罪者になってしまう。そういった危ない場面に出会うことは誰にでも可能性があります。

したがって、大事なことは、「こんな状況はまずいかも」と認識し、できるだけその場から離れる、離れられなかった場合は「上手にかわす」、「かわせなければすぐにコンプライアンス担当者などに聞く」習慣を社員全員がもつことです。

では、この本だけを読んでいれば十分かというと、残念ながらそ

こまでは無理です。大事なことは皆さんの業界や職種で起こりうる
コンプライアンスの問題を予見し、それに対する情報を集め、対応
を考えておくことです。これは真面目にやりさえすれば、誰でも実
現できることです。

② 自社でのコンプライアンス事例集を作成して読み込む

上記の①をもとに、とくに自社が巻き込まれる可能性のあるコン
プライアンス問題に関して、じっくりと学ぶ必要があります。

そのため、自社や業界他社がかつて起こした、起こしそうになっ
たコンプライアンスの事案をまとめた事例集を作成し（作成は法務
コンプライアンス担当がいいでしょう）、管理職や現場のリーダー
はこれらのすべてを理解し、自分の言葉で話せるようにしていかな
くてはなりません。一般に50くらいの事例もあれば、会社が巻き
込まれる可能性のある重要な事例はカバーすることができ、それだ
けマスターすれば法令違反かどうかの勘も確実に働くようになりま
す。

③ 法律の知識をできるだけ確実なものにする

現場の管理職やリーダーの方には、法律そのものの知識も一定以
上はもっておいたほうがいいでしょう。

そのためには、②の冊子を読み込むことです。できれば、法律の
テストをしてもよいかもしれません。知識があれば、違法なことを
指示されてもすぐに拒絶できますし、危ないなという勘が働けば、
問い合わせをしてからお答えしますと、回答を留保することもでき
ます。

上司やお客様から違法なことを頼まれた際に「それ、〇〇法に抵
触する可能性があります。過去の判例では首謀者は刑事責任を問
われて実刑判決を受けましたが、そのあたりの手当は大丈夫です
か？」と即座に聞けば、相手は確実に怯みますし、今後あなたには
二度と違法行為まがいのことは寄せられなくなるはずです。

④ 定期的なメッセージの発信やコンプライアンス研修を実施する

　コンプライアンスの意識は、何か問題があったときだけ急激に上がり、問題が起こらない期間が続くとだんだん下がっていくのが一般的です。意識が下がっていると問題が起こる確率が上がります。したがって、下がったなと思ったら、上げる工夫をしていかなくてはなりません。

　方法は２つです。１つは、経営陣や皆さんからの**定期的なメッセージの発信**です。最低半年に１回は必要です。また関連する企業や近い業界でコンプライアンス問題が起こったときに情報発信をすることが必要です。

　もう１つは、**コンプライアンス研修を自らが講師となって実施する**ことです。②の事例集があれば（本書を利用していただくことでも結構です）、それをもとにQ&Aをつくり、皆さんで話し合う時間をもてば、誰でも講師ができます。講師をしてメンバーといろいろ話をすると、様々な本音や潜在的な問題も発見できますので、マネジメントにも好影響を与えます。

2 コンプライアンス問題の予防には本部は何をしておけばいい？

　現場がコンプライアンス問題を起こさないようにするため、本部は何をすればよいかについても触れておきましょう。以下3点を推進していただくのがよいと考えられます。

① コンプライアンス事例集を作成する
② コンプライアンス意識調査、組織活性化調査等で健康診断する
③ 相談してもらえる優しさを身につける。真摯に対応できる実力をつける

① コンプライアンス事例集を作成する

　すでに書いたように、自社に合わせたコンプライアンス事例集を作成し、現場の従業員に配付し、できればそれを使った研修を現場の管理職にさせるように促すことが一番です。

　外部講師は一般的な内容についての研修は可能ですが、やはり自社の事例や自社に近い事例をもとに自らが研修を実施するようにしたほうが、圧倒的に効果が上がります。

② コンプライアンス意識調査、組織活性化調査等で健康診断する

　さらに重要なことは、問題を起こしそうな部署を早めに見つけて分析し対応することです。コンプライアンス意識調査や、組織活性化調査、360度評価など、組織的な問題の存在を発見することのできる健康診断ツールはたくさんあります。これらを活用すれば問題発生可能性のある部署は、ほぼ確実に捕捉することができます。

人が健康診断や人間ドックを行うように、このような診断結果を
しっかりと活用すれば、コンプライアンスの対応方針を明確にする
ことができます。

③ 相談してもらえる優しさを身につける。真摯に対応で きる実力をつける

何かあった際に、まずは気軽に相談してもらえる本部（法務、コ
ンプライアンス、総務、人事）になっているかどうかも重要です。
本部の人が思っている以上に、現場から見ると敷居が高いと思われ
ている可能性があります。

それを払拭（ふっしょく）するためには、やはり文書や指令だけではなく、いろ
いろな場所に出向き、実際に人に会い、皆さんの人となりを現場の
人たちに知っておいてもらう必要があります。その意味では、フッ
トワークの良さも必要となります。

ぜひ定期的に現場に出向き、現場の人たちとの人間関係づくりを
していただきたく思います。

3 コンプライアンスマインドを 浸透させるためにすべきこととは?

経営レベルでやるべきことで重要なことは、次の3つです

① 懲罰をしっかりと行う
② 幹部人事にも反映する
③ 経営理念、行動規範を浸透させる

① 懲罰をしっかりと行う

　コンプライアンス対策をしっかりとやろうとしているか、していないか、それが明確になるのが懲罰です。コンプライアンス問題を起こした幹部や社員に対して、会社がしっかりと懲罰をするかどうか、社員全員が注目しています。

　もし問題を起こしたにもかかわらず、何のお咎めもないということだと、コンプライアンスが大事だというのは表向きの話で、実際は重要ではないと考えている、というメッセージを社内に出すことになってしまいます。

　関わった人の実名を出さずとも、少なくとも**コンプライアンス問題になった内容と何が悪かったのか、今後どうすべきか、についての社内的な広報と、関わった人に対する懲罰の実施をする必要があ**ります。

　個人の将来のこともありますので慎重に対応する必要はありますが、問題行為はやはり問題行為であり、毅然とした対応をしなくては会社の本気度が疑われます。

② 幹部人事にも反映する

　さらには、どのような人が会社の経営幹部に登用されるのか、が

重要です。社員はそこに注目しています。

　違法行為すれすれの荒っぽい営業をしたりさせたりする人であっても数字が上がってさえいれば役員になれるということであれば、"コンプライアンスが大事"などと言っても誰も信じてくれません。できれば、幹部登用の際の基準に「コンプライアンスに問題がないこと」を組み入れ、しっかりと評価するようにしたいものです。

③ 経営理念、行動規範を浸透させる

　これまで述べてきたことは、どちらかというと「してはいけないことをしない」という話でした。組織的活動において、このような「してはいけない」ことを明確にすることは確かに重要なことではありますが、それだけでは息が詰まってしまいます。そこで、してはいけない、だけではなく、**「どうありたいか」「どのように意思決定すべきか」**を組織に意識づけることも重要です。

　実は、**会社や社員が「どうありたいか」を定めているものが、経営理念や行動規範**といったものです。これらを社員にしっかりと根づかせることは、社員を良い行動をする方向に誘導することになり、結果としてコンプライアンス問題から社員を遠ざけます。

　この浸透の方法は、拙著『社長の思いが伝わる「ビジョン検定」のすすめ』（日本能率協会マネジメントセンター）に詳しいのですが、簡単に言うと、創業者の思いや過去の会社の重要な意思決定の背景にあった基準や、成功した仕事の背景にあった考え方などをクイズなどを通して追体験してもらうことにより、良い考え方、行動、思考を定着させるのです。

おわりに

　これまでに述べてきたことを振り返ると、

　第1章においては、コンプライアンス問題を起こす人の状況について述べ、さらには最近コンプライアンス問題が増加しているように見える背景について記しました。

　第2章では、悪いことをするつもりがない人がどんなふうにコンプライアンス問題に巻き込まれてしまうのか、についてのリアルなイメージをもってもらうべく、24のケースを紹介しました。これを一読していただくことで「まずい感じ」「はめられる感じ」をご理解いただけることと思います。そして、もし実際に同様のことがあったら"上手にかわして"もらいたいとの思いを込めました。

　そして第3章では、会社がコンプライアンス経営に変わっていくために、「現場」「本部」「経営」の3つのレベルで何を行うべきかについて述べました。

　最初にも述べましたが、コンプライアンス問題の発生を防止するには、次の2つが重要です。

　①ルールをしっかりと知ってもらうこと
　②ルールを守る組織をつくること

　そして、本書は②の教材として書かれたものです。したがって、本書に加え、ぜひ①の教材（できれば自社でのコンプライアンス事例集）とともに併用していただき、社員が安心して働ける会社組織をつくっていただきたく思っています。

　コンプライアンス問題に巻き込まれて会社を辞めることほどつまらないことはありません。そのような残念なことが起きないよう、本書を活用していただくことが筆者ただ一つの願いです。

　令和2年秋

　　　　　　　　　　　　　　　　　　　　　　秋山 進

【著者】

秋山 進（あきやま すすむ）

1963年、奈良県生まれ。京都大学卒業後、リクルートに入社し事業企画に携わる。独立後、経営・組織コンサルタントとして、各種業界のトップ企業からベンチャー企業、外資、財団法人など様々な団体のCEO補佐、事業構造改革、経営理念の策定などの業務に従事。現在は、経営リスク診断をベースに、組織構造設計、人事制度設計などのプロフェッショナルが集まるプリンシプル・コンサルティング・グループを主宰し、代表取締役を務める。著書に『それでも不祥事は起こる』（日本能率協会マネジメントセンター）、『「一体感」が会社を潰す』（PHP研究所）、『職場の「やりづらい人」を動かす技術』（KADOKAWA）、共著書に『社長！それは「法律」問題です』『実践コンプライアンス講座　これって、違法ですか？』（以上、日本経済新聞出版社）など。

これだけは知っておきたい
コンプライアンスの基本24のケース

2020年10月20日　初版第1刷発行

著　者——秋山 進
　　　　　　Ⓒ2020 Susumu Akiyama
発行者——張 士洛
発行所——日本能率協会マネジメントセンター

〒103-6009 東京都中央区日本橋2-7-1　東京日本橋タワー
TEL03（6362）4339（編集）／03（6362）4558（販売）
FAX03（3272）8128（編集）／03（3272）8127（販売）
http://www.jmam.co.jp/

装　　　丁——平塚兼右（PiDEZA Inc.）
本文DTP——株式会社森の印刷屋
印　刷　所——広研印刷株式会社
製　本　所——ナショナル製本協同組合

ISBN978-4-8207-2843-6 C2034
落丁・乱丁はおとりかえします。
PRINTED IN JAPAN

JMAMの本

基本がわかる／実践できる
図解 品質コンプライアンスのすべて

小林久貴 著

A5判232ページ

過度なコスト圧縮や納期短縮が主要因で頻出する製造業のデータ偽装。この問題を未然に防ぐISO9001: 2015年版のプロセスアプローチの考え方を解説。

成人発達理論による能力の成長
ダイナミックスキル理論の実践的活用法

加藤洋平 著

A5判312ページ

人間性と仕事のスキルの成長に焦点を当てた、カート・フィッシャー教授が提唱する「ダイナミックスキル理論」に基づく能力開発について事例をもとに解説。

なぜ部下とうまくいかないのか
「自他変革」の発達心理学

加藤洋平 著

四六判256ページ

部下のことで悩む課長と人財コンサルタントとの対話形式により、部下とのコミュニケーション法や育成法、さらには自己成長や組織マネジメントを物語形式で説く。

リーダーシップに出会う瞬間
成人発達理論による自己成長のプロセス

有冬典子 著
加藤洋平 監修・解説

四六判312ページ

女性リーダーに抜擢された主人公が先輩女性や同僚、上司らに支えられながら、自分の信念に立ったリーダーシップへの気づきのプロセスが小説形式でわかる。

日本能率協会マネジメントセンター